小学科 大融合

——吴兴STEAM项目案例

主　编 ◎ 侯小英

副主编 ◎ 朱颂伟　吴红良

东北师范大学出版社

长　春

图书在版编目（CIP）数据

小学科　大融合：吴兴STEAM项目案例/侯小英主编. —长春：东北师范大学出版社，2019.10
ISBN 978-7-5681-6423-8

Ⅰ.①小… Ⅱ.①侯… Ⅲ.①科学知识—教案（教育）—中小学 Ⅳ.①G633.72

中国版本图书馆CIP数据核字（2019）第252919号

□策划创意：刘　鹏
□责任编辑：何　宁　刘贝贝　　□封面设计：姜　龙
□责任校对：刘彦妮　张小娅　　□责任印制：张允豪

东北师范大学出版社出版发行
长春净月经济开发区金宝街 118 号（邮政编码：130117）
电话：0431-84568115
网址：http：//www.nenup.com
北京言之凿文化发展有限公司设计部制版
廊坊市金朗印刷有限公司印装
廊坊市广阳区廊万路 18 号（邮编：065000）
2022年6月第1版　2022年6月第1次印刷
幅面尺寸：170mm×240mm　印张：14　字数：230千

定价：45.00元

编　委　会

STEAM教育"本土化"实践的探索

2015年《地平线报告》中提出,"STEAM学习的兴起"将成为"未来一至两年技术驱动K12教育的重要趋势"。果然,近几年来,乘着教育国际化的东风,STEAM教育悄然兴起,成为我国基础教育发展的热点。

在世界各地都关注STEAM教育的今天,我们应清醒地认识到其对于我国基础教育的意义。在美国,因为青少年选择理工科方向的较少,但国家经济发展又急需大量理工科人才,所以20世纪后期,美国将加强STEAM教育作为国家战略。从我国基础教育的现状看,我们推进STEAM教育的背景与动机和美国是不完全相同的。我国中小学理科教育的主要问题不在于知识的内容,而在于学习方式不当。如何通过STEAM教育,促进学生学习方式的转变,是我国当前基础教育课程改革的关键。不过,从学习内容的角度看,我国STEAM教育的实质在于科技创新教育的推动,其突破应在于技术、设计、工程等应用性课程的建设与实施,即以整合为特征的项目学习形态的形成。

湖州市吴兴区在深化义务教育课程改革的实践中,引进了STEAM教育的种子,积极以实践类拓展性课程建设为重点,依托学科课程,探索课程融合,成为STEAM教育本土化实践的区域样本。《小学科 大融合——吴兴STEAM项目案例》一书中汇编了一线教师在实践STEAM活动中形成的典型案例,包括区域篇和学科篇等20个案例。通过分析这些案例,我们可以发现实施STEAM教育有三条线索,即学科的实践性学习、项目学习的常态实施和结合在地资源的课程建设。

一、推动学科的实践性学习

推进STEAM教育的基础是学科课程的有效学习。如果没有科学与数学课程的扎实基础，我们很难通过STEAM教育培养学生的科学素养与创新能力。但当前中小学的科学与数学课程还有待改进。

引入STEAM，是要在当前"坐着学""听中学"的"静态学习"过程中，增加"做中学"的实践学习。在中小学教学活动中，学生经历着大量的解答习题的学习，而联系实际解决问题的学习较少，学生经历着大量的分科的知识识记的学习，而学科间彼此联系的综合应用较少。

推动科学与数学等课程联系生活实际，引导学生面对真实情境，探索问题的解决方法，是STEAM学习的重要体现。科学课程的实验探究，数学课程的建模与问题解决，包括一些技术活动，它们都共同关注了学生的动手实践以及基于实践而发生的学习。学科的实践性学习是与广大教师联系最为紧密的STEAM，也是体现学科本质的关键的学习方式，是当前深化课程改革的核心。本书学科篇中的14个案例就是教师们从各自的任教学科出发，改造拓展活动和创新设计所形成的STEAM项目活动，其中涉及了物质与能量、运动与力、工程与信息及生活与健康四个领域。

二、推进项目学习的常态实施

在与美国教师交流时，笔者发觉他们不太认同"STEAM课程"的提法，他们更愿意将"STEAM"理解为一种观念，一种方式。它是相对于以往教学活动的取向的变化。

引入STEAM，是要在当前基本都是分科教学的局面下，增加跨学科的整合形态的学习，促使碎片化的学习向整体性的学习转变；是要在以教师主持的、章节知识为线索的、系统性传递为主的学习中，增加学生自己主持的、聚焦主题的、以项目为组织形式的研究性学习，是要在指向标准答案的、较为封闭的学习过于强势的今天，增加指向未知答案的重在探究过程的创新意义的学习。

以研究性学习为重点的综合实践活动是新世纪基础教育课程改革的亮点，

也是课程改革实践的难点。由于课程定位、目标、内容、课时、师资、资源等很多方面的新形态与学校有习惯性的差距，导致十几年来，综合实践活动以及研究性学习的推进并不顺利。但是，基于项目的研究性学习是指向高阶思维能力的，培养创新精神的关键学习方式是面向真实情境、真实问题的STEAM的典型学习形态。推动综合实践活动的整合实施与常态开展，应该让学生每学期都至少经历一个综合性的项目学习，提升学生对科技的兴趣，让他们经历探究、设计、实践与展现是当前教育的重要目标。

STEAM教育既是学术取向的学习的必需路径，也是应用取向的教育的重要载体。增加技术及其应用的课程模块，探索以设计为重点的STEAM拓展课程，开展工程技术的启蒙教育，这是从课程发展的视角，探索基础教育中的STEAM的突破口。

三、结合在地资源的课程建设

"在地资源"是台湾教育学者提出的一个名词，意指本土化资源。结合在地资源进行课程建设正是吴兴区STEAM教育的实践特点。在本书的区域篇中，呈现的是基于吴兴区地域特色开发的两个STEAM项目群，一是由溇港文化延伸出的《城市"溇港"》，二是基于湖州丝绸文化的《"丝路"之旅》。这些结合了本土文化与产业资源的学习项目贴近学生的生活，激活了STEAM内在的融合机制，拓宽了STEAM项目开发的视野。

作为转变学生学习方式与课程整合实施的典型实践，STEAM教育已成为学校深化课程改革的重要抓手。在"怎么学"与"学什么"同等重要的时代，STEAM项目可以成为变革课堂的抓手、变革学习方式的入口。原本不知道怎么放手让学生进行自主学习建构的课堂，现在可以渗入STEAM的理念，将学习内容融合在一个问题中，用问题引领学生自主融入探究，进行自主学习和建构知识。STEAM还能赋予拓展性课程更大的意义，让教师为学生提供评估量表、学习资源，搭建脚手架，创设自主学习、自主探究、合作互动的空间，帮助学生打开"认识学习之门"，让学生亲历并体会传统学习模式之外的综合的、开放的、指向真实问题的、学生自主设计的、倡导合作的、项目化的、强调动手实践与独立思考的学习形态，获得今后走向社会所需要的基本生存能力——自主学习的能力、与人合作的能力、信息收集与处理的能力、学会办事的能力等。STEAM教育的意义并不在于课程项目的具体内容，而在于为学生的终身发展打下良好基础。

　　本书是吴兴区教育人践行STEAM，并将STEAM本土化的首批成果。广大教师从外出观摩学习到引进课程探索实践，再到自主开发项目及完善项目，一步步理清STEAM的脉络，并将之改变为适合他们自己的教育方式。当然，这也只是一个开始，相信后面的实践会更精彩！

张　丰

2019年2月14日

目录

CONTENTS

上 篇　特色项目

下 篇　学科项目

上 篇

特色项目

第一章 | **城市溇港**

　　"山从天目成群出，水傍太湖分港流。"宋代的戴表元描述湖州的诗向我们展示了湖州与太湖的深厚渊源。处于太湖南岸的湖州，至今保留了一个古老而庞大的水利工程——溇港。历史上，太湖南岸每隔一千米就有一条延伸向太湖的河道，像梳齿一样排列开来，这些河道就叫作"溇"或"港"。这是湖州先民的智慧，今天的湖州学生应该去了解这段历史，理解这项工程技术，并且能结合城市的内涝问题加以传承和创新。

　　本项目名为"城市溇港"，是适用于小学五、六年级的STEAM项目，分别由"会'吸水'的路面""不堵的排水井盖""畅通的下水管道"三个内容组成。整个项目的设计基于现代大城市在遭遇暴雨侵袭时，常会在部分地区形成严重的内涝这一问题。一方面，随着逐渐规模化的城市化进程，越来越多的建筑群致使"热岛效应"显著，暴雨频率激增。暴雨导致的内涝严重影响了城市交通、公共卫生以及社会秩序，已经成为困扰居民正常生活和工作的严重问题。另一方面，地下排水系统严重不足，渗透性极佳的道路造价高昂、数量有限，如果再碰到不够合理的排水管网、不够专业的排水设施，那么繁多的"积水黑点"就会成为城市发展的巨大污点。整个项目活动按照学生的认知水平层次由低到高布置任务，在层层递进的实践中，培养学生的探究能力，全面提升学生STEAM综合素养。

课程领域：科学、数学、技术、工程、艺术

建议年级：小学五、六年级

"会吸水" 的路面

湖州市织里镇漾西学校　芮玉利

一、项目设计

（一）项目介绍

"'会吸水'的路面"是城市溇港项目中的一个子项目，适用于小学五、六年级。该项目以雨后城市路面的积水问题为背景，以建设"渗水能力强的路面"为题材，分成五个阶段进行。该项目通过引导学生对溇港水利知识加以迁移应用，运用真实问题模拟研究和建模分析的方法，培养学生对知识的迁移应用能力、推理能力、分析问题及解决问题的能力等。在实践中，学生的思维能力、动手能力等均会得到提升。

（二）学习目标

1. 科学（S）

（1）学会用相关知识分析决定水渗透能力的相关因素。

（2）学会从结构力学角度分析路基的耐压性和稳定性。

2. 技术（T）

（1）学会对比实验的研究方法。

（2）学会设计特色地基和搭建车道模型。

3. 工程（E）

（1）学会根据经验设计相关方案，并按方案建立模型。

（2）学会从工程的角度比较选择最佳方案。

4. 数学（M）

（1）学会根据材料定价核算成本。

（2）学会根据渗水速度估测时间。

5. 艺术（A）

（1）培养学生绘制图表简化问题的习惯。

（2）学会美化设计及模型。

课标链接：工程的关键是设计。工程是运用科学和技术进行设计，以解决实际问题和制造产品的活动。

（三）教学准备

1. 材料准备

材料：实验记录纸、设计记录纸、成果报告纸、透明塑料瓶、软塑料垫、透明塑料盒、铁架台、烧杯、纱布、牛筋、口罩、手套、大小石子、橡胶颗粒、卵石、沙子、胶水、水泥、沥青、水等。

工具：秒表、剪刀、美工刀等。

2. 安全教育

小心使用美工刀、剪刀等工具，注意安全，以防划伤手指。

进行相关操作时，要戴口罩、手套，要注意胶水、沥青等溅出及粘手。

（四）课时安排

该STEAM项目的学习一共分为五课时，具体课时安排如下：

第一课时：40分钟。（提出问题、知识准备）

第二课时：40分钟。（技能准备）

第三课时：40分钟。（完成任务一）

第四课时：40分钟。（完成任务二）

第五课时：40分钟。（展示评价、拓展提升）

二、项目流程

本STEAM项目实施过程主要分为以下四个部分，每个部分都有对应的课时，具体实施过程分述如下：

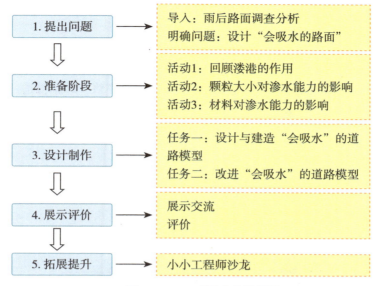

图1　STEAM项目实施流程图

三、项目实施

（一）问题情境（20分钟）

1. 导入：创设真实情境

现代大城市的雨天，路面积水情况令人担忧。无论是暴雨过后的"水漫金山"，还是小雨中的一个个水坑，都会给人们的出行带来不便。路面积水一是因为路面经过车辆的长期碾压后形成低洼，二是因为水从路面流向下水井要经过一段路程。

路面轻微积水，虽然不影响正常通行，但也存在车辆驶过时水花飞溅、路面变滑容易摔倒等问题，困扰人们的出行。这时候，一个"会吸水"的路面就显得尤为重要，它不仅能吸收路面积水，防止水坑产生，而且在下暴雨时还能辅助下水井加快排水。

2. 提出任务：设计"会吸水"的路面

要想让路面不积水，可以从哪些方面考虑改进？最快速有效的方式是什么？通过分析，我们可以得出结论：使路面不积水最快速有效的方式是让水能够通过路面渗下去，也就是让路面"会吸水"。于是接下来的任务就明确了：

设计"会吸水"的路面。

3. 评价标准

本项目对学生需要完成的"会吸水"的路面模型从以下四个方面进行评价：快速渗水（能在1分钟内渗透完1升水）；路表平整、踩踏舒适；路基结构紧密坚固；成本合适，性价比高。

（二）准备阶段（60分钟）

1. 知识准备

提问：如何让路面"会吸水"呢？世界物质文化遗产——溇港水利系统能否给我们带来启示？

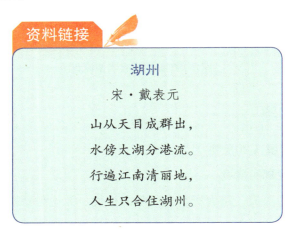

资料链接

湖州

宋·戴表元

山从天目成群出，
水傍太湖分港流。
行遍江南清丽地，
人生只合住湖州。

意图：通过解析让学生领会前两句诗的意思，将关注点引到溇港形成之前：一下雨，天目山的水就会通过湖州流向太湖，造成泥、水各一半的软流质地表，庄稼很难存活。但是溇港开挖以后，天目山的水及雨水会顺着地表流向溇港，湖州就不会被淹没了。

图2　太湖

讨论：溇港开挖后，为什么湖州不再被淹？这与路面不积水有联系吗？

思考：如何在路面上挖溇港？

意图：通过讨论和思考，让学生关注到石子之间留有的缝隙，其实就是很好的小"溇港",而且石子数量多,不用刻意去"挖"。然后在此基础上让学生设计"会吸水"的路面。

2. 技能准备

任务:石子的大小对渗水能力的影响研究。

提问:石子之间的缝隙是否能提升路面的渗水能力?究竟是大石子的渗水能力好还是小石子的渗水能力好呢?设计对比实验研究一下吧!

大石子   小石子   沙

图3 实验材料

取三个一样的透明塑料瓶,分别在上面放上一样的滤网。分别在三个滤网中装入大石子、小石子和沙,注意装的高度要一样。然后同时向三个塑料瓶中倒入同样多的水,比较哪一个渗水快。

大石子滤水   小石子滤水   细沙滤水

图4 实验操作

表1　实验记录表

材　料	大石子	小石子	沙
渗水速度 （用大、中、小表示）			

结果研讨：哪一种材料的渗水性好？为什么？

如果用这种材料筑路好不好？为什么？

意图：通过对比实验，让学生明白石子大，那么石子之间的缝隙也大，渗水效果也好。同时也让学生发现新的问题：用大石子筑的路面很不平整，严重影响车辆和行人通行。

3. 技能准备

任务：不同材料的渗透效果研究。

提问：用于路面建设的材料还有哪些？它们的渗水能力如何？

卵石　　　　　　　石子　　　　　　橡胶颗粒

图5　实验材料

取三个一样的透明塑料瓶，分别在上面放上一样的滤网。再分别在三个滤网中装入卵石、石子和橡胶颗粒，注意装的高度要一样。然后同时向三个塑料瓶中倒入同样多的水，比较哪一个渗水快。

卵石滤水　　　　　　　石子滤水　　　　　　橡胶颗粒滤水

图6　实验操作

表2　实验记录表

材　料	卵石	石子	橡胶颗粒
渗水速度 （用大中小表示）			

结果研讨：哪一种材料的渗水性好？

除了渗水性外，用这些材料筑路还有什么优缺点？

意图：让学生发现渗水能力好的大石子直接用于铺设路面不合适后，通过对生活中常见的路面材料（卵石、石子、橡胶颗粒）渗水能力的对比研究及优缺点的探讨，找出如何铺设渗水能力好的路面的思路。

（三）设计制作（80分钟）

任务一：设计制作"会吸水"的路面

1. 提出设计方案

提问：上面我们探究了不同颗粒大小的石子及几种材料的渗水能力，也了解了这些材料的特点，并且知道了这些材料各有优缺点。对于渗水能力强的路面，你们有什么想法吗？

意图：经过前期的学习准备，学生心中一定会有使用多种材料组合建筑路面的想法。

9

实验现象回顾：前面我们做了不同大小石子及不同材料的渗水能力的比较实验，实验中当大量的水倒入后的现象是怎样的？水立刻就流光了吗？

意图：将学生的关注点引向由于出水口的限制，较多的水倒入时一部分水会在材料层的缝隙里暂留，如果缝隙少，那么水还是会淹没路面，从而引出对路面各层铺设高度的思考。

提问：若让路面在暴雨时也能很快地"吸水"，在多种材料的组合上，各层的高度该如何考虑？

意图：将学生设计的研究点指向大小石子、橡胶颗粒等铺设的高度比例上，是自下而上，类似于4∶2∶1这样的比例，还是1∶1∶1这样的等比好？这个研究有助于学生更深入地理解工程设计的多个维度，除材料之外还有配比问题。

小组合作：结合上述两个活动所得出的材料渗水能力的相关结论，结合材料的价格、优缺点及可行性等综合考虑，提出"会吸水"的路面的设计方案。

表3　各种材料价格表

材料价格公示（元/千克）			
橡胶颗粒	6	橡胶颗粒胶	20
大卵石	4	沥青	24
小石子	0.1	建筑胶水	9
小卵石	3.5	水泥	13
大石子	0.08	沙	0.15

2. 初次建模：制作"会吸水"的路面

技术指导：视频或演示橡胶颗粒、卵石、石子等与胶水、沥青、水泥等的混合搅拌过程，提出注意点。

家庭STEAM：不同的颗粒用什么材料黏合更牢固？

小组合作：根据设计方案，选择所需材料，完成"会吸水"的路面的建模。

奠基

拌石子

压平

拌橡胶颗粒

成品路面

图7　制作"会吸水"的路面

3. 测试模型：渗水能力检测

测试：往各组的路面模型中倒入等量的水，利用秒表记录渗透完的时间。

展评：结合高度、渗水能力、成本、外观等对自己组的作品进行展示和评价，得出较为合适的路面铺设方法和材料高度比例。

4. 发现新问题：路基形状

提问：在渗水能力测试过程中，还是容易出现水一大路面就会被水淹的情况，如何解决呢？

意图：因为真实情况中的路基是实心的，路面石子层的蓄水能力又有限，这样对路面上的水的渗透有一定的影响。要想不积水，必须将渗下去的水迅速排向下水道，将学生的关注点引向路基的建设。

图8　大雨时路面还是容易被淹

任务二：改进"会吸水"的路面

1. 改进方案

提问：要让路面一直吸水，路面下的路基应该如何改进？

小组合作：结合结构工程学知识及漏斗原理等，设计出有利于路面渗下去的水快速被分流到下水道的方案。

2. 建模实践

选择最佳的路基，然后和建筑师一样，利用合适的黏合材料，合理配比，搅拌材料，按照最佳方案设计出非机动车道，最后用砖块压平。

3. 测试模型

按照任务一中模型的测试方法来测试改进后的模型。

平基路面　　　　　　　　　斜基路面　　　　　　　　　拱形基路面

图9　改进模型

（四）展示评价（25分钟）

各组依次展示自己建造的"会吸水"的路面，并从渗水能力、成本、舒适度等方面评价自己的道路模型。组与组之间相互质疑和提意见，教师对各组进行评价。

表4　STEAM学习评价表

评价要素：学习成果								
主要指标	☆	☆☆	☆☆☆	第一组	第二组	第三组	第四组	第五组	第六组
渗水速度	渗水速度慢	渗水速度一般	渗水速度快						

续　表

评价要素：学习成果									
主要指标	☆	☆☆	☆☆☆	第一组	第二组	第三组	第四组	第五组	第六组
路面情况	路面不平整、按压不舒适	路面基本平整、按压欠舒适	路面平整、按压舒适						
路基情况	路基不稳固、组合不规则	路基基本稳固、但组合不规则	路基稳固、组合规则						
成本情况	成本高、性价比低	成本合适、性价比低	成本合适、性价比高						

（五）拓展提升（15分钟）

小小工程师沙龙：利用项目学习中所获得的知识，对改善现实生活中的道路积水发表自己的见解。

四、体会感悟

这个STEAM活动是基于路面积水给人们的出行带来不便这个现实问题而进行的。如何改善路面积水？除了让路面的水通畅地流向下水道以外，还有一种最直接的方式，就是通过路面渗下去，然后通过路面下的缝隙流向下水道。这种方式相比于水从路表面流向下水道更有优势，它能让路面瞬间变干，也避免了水坑的产生。

这种方式是基于溇港开挖以后，太湖南岸这块低洼地不再那么容易被水淹这个原型演变出来的。因为一下雨，陆地上的水会在重力作用下流入溇港，所以陆地不再被淹。在这个原型的启示下，学生立刻会想到在路面上也可以开挖这样的溇港。而不规则颗粒间存在的缝隙，似乎是最佳的天然溇港，"会吸水"的路面的设计创意由此产生。

那么如何让路面具有很强的渗透能力呢？材料是很关键的。在对各种材料及大小进行了对比实验研究之后，我们可以发现，只要是差不多大小的颗粒（一般颗粒需要2毫米以上），渗水能力均是相当好的。但是如何让路面不积水、舒适且成本低呢？我们又开展了设计，经过实践和模型测试，得出了相对理想的路面建造方案。

最后通过拓展，我们将项目研究所得的知识和方法，推广到实际生活中，为城市路面改造提出了建设性的意见。

本案例将区域特色的溇港水利知识融入现实问题的解决之中，提高了学生的知识迁移能力及应用知识解决问题的能力；在解决问题的同时，也注重实践，通过寻找材料、对比实验等，让学生在不断的尝试中验证自己的猜测，完善自己的推理；最后综合已有知识及对实践活动的新认知，设计和制造"会吸水"的路面的模型，从测试中发现存在的问题，并提出解决和改进措施。通过这样的项目实践，学生的思维、探究等能力得到综合提升。

专家点评

首先该项目要解决的问题来自现实，其次采用的研究方法是适合学生的，学生能够自主研究并有所发现，再次研究所用的材料都是真实的路面建筑材料，使得建立的路面模型可以成为真实的路面设计，给解决现实问题提供了参考。因此该项目是一个可实施的、有意义的项目。

项目设计有层次，由真实问题"暴雨天路面积水严重"引出要解决的问题，即除了加速流入下水道这个办法之外，可解决积水问题的新办法，就是让路面快速吸水到地下，从而提出了"会吸水"的路面这个设计项目。然后项目进入科学探究阶段，用对比实验的方法分别研究颗粒大小、不同材料、不同路基形状对渗水性的影响，得出结论；再利用实验所收集的证据来设计"会吸水"的路面，即进入工程设计阶段，混合不同的材料测试路基模型的渗水性能，评价并改进模型，最后确定最佳方案。整个项目活动层层深入，具有结构性和可操作性。

——湖州市小学科学特级教师　沈跃群

不堵的排水井盖

湖州市吴兴区太湖小学　高杰

一、项目设计

（一）项目介绍

本项目名为"不堵的排水井盖"，适合小学中高段的学生进行学习，共5课时内容。本项目主要引导学生结合已有的科学知识和技能，通过对现有城市下水系统的合理改良，尝试解决或者缓解当今中国大部分城市一下暴雨就出现的内涝情况。此次STEAM项目的学习首先由一个现实的问题引发学生思考，通过分析古人治理水患、排干内涝的技术，借鉴现成的经验，再结合学生现有的科学知识、技能，从而改进城市排水井盖。整个项目的活动安排和科学知识技能的学习要遵循学生的认知发展规律，任务难度由低到高，在实践过程中培养学生的科学综合素养。

（二）学习目标

1. 科学（S）

知道水往低处流的道理，了解地心引力；知道物质都是由小微粒组成的，可以通过过滤的方法使之分离。

2. 技术（T）

掌握围篱的编织方法与工艺；掌握竹木围篱技术；掌握利用实物制作模型，并验证自己想法的技术。

3. 工程（E）

能够使用实物搭建下水系统，通过实验验证自己的想法和设计。

4. 数学（M）

计算、设计围篱竹片的厚度、宽度，达到最好的排水效果。

5. 艺术（A）

能够对模型进行一定程度的美化。

课标链接：

（1）科学知识。知道设计所包括的一系列步骤，完成一项工程的设计需要分工和合作，需要考虑很多因素，任何设计都会受到一定的条件制约。

（2）科学探究。能结合所学知识，从事物的相互关系上提出可以探究的问题；能够用语言、概念图等记录整理信息，并表述探究的结果；能对探究活动进行过程性的反思，及时调整，并进行总结性的评价。

（3）科学态度。能从不同视角提出研究思路，采用新的方法、利用新的材料，完成探究、设计和制作，具有一定的创新精神。

（4）科学、技术、社会与环境。能够感受到技术的发展和应用影响着社会的发展。

（三）问题情境

城市为我们每个人提供了赖以生存的环境，它是我们人类科学技术的结晶，城市中每天有无数的环节在昼夜运行着，如垃圾的处理、污水的处理、供电照明等，它们的正常运转给我们提供了舒适而便捷的生活。这其中的任何一个环节出现问题都会给我们的生活带来很大的烦恼。

城市的排水系统能够为城市迅速排空路面的积水，保证行人和车辆的正常通行，一旦这个隐藏在路面下的巨大系统出现问题，我们生活的城市将会变成一片"汪洋"！那么怎样才能快速地排出积蓄在城市中的雨水呢？

（四）教学准备

1. 材料准备

材料：1厘米宽竹篾条、底部开孔的水槽、底部和侧面开孔的水槽、2.5升饮料瓶、油性橡皮泥、凡士林、烧杯、粗细不同的水管。

工具：秒表、实验记录纸、剪刀、美工刀。

2. 安全教育

在进行相关操作时，避免剪刀、美工刀等尖锐物品伤到手。

（五）课时安排

本STEAM项目学习一共分为5课时，具体课时安排如下：

第一课时：40分钟。（提出问题、项目前准备）

第二课时：80分钟。（分离杂质与水）

第三课时：60分钟。（改进排水井的透水技术）

第四课时：60分钟。（运用、实践）

第五课时：60分钟。（比比谁的效果好）

二、项目流程

本STEAM项目的实施过程主要分为以下四个部分，每个部分都有对应的课时，具体实施过程分述如下：

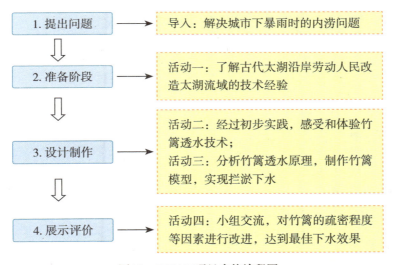

图10 STEAM项目实施流程图

三、项目实施

（一）提出问题（40分钟）

1. 出示问题：城市内涝

提问：如下图所示，图中的现象是怎样形成的？你是否看到过类似的现象？

图11　路面积水

　　小组同学思考讨论，哪些因素可能会造成城市大量积水，并把你们小组认为可能的原因记录下来。

表5　城市积水原因记录表

哪些原因导致了城市大量积水
（1）
（2）
（3）
（4）

　　模拟城市排水实验：通过各个小组的交流讨论，发现原来造成城市内涝的原因并不简单。有那么多的因素可能会造成城市被水淹没，那么我们的猜测是不是正确呢？

表6　城市内涝模拟实验

城市内涝模拟实验
探究问题：城市内涝与＿＿＿＿＿＿有关吗
需要的材料：
实验方案：
实验现象：
实验结论：

图12　对比下水管的粗细对排水的影响

通过粗细不同的下水管道的过水实验，体会到细的下水管道由于水中携带的泥沙、树叶等杂物很容易发生堵塞。

出示城市中常见的雨水井盖的图片。

提问：大多数城市的排水管道比较细，而且雨水中杂物多，容易通过间隙比较大的井盖，发生堵塞的现象。如何防止这种情况的发生呢？

实验交流：学生通过模拟实验，验证了城市发生内涝现象的因素。请小组分享他们的模拟实验的过程和结果，提出缓解或者解决城市内涝问题的方法，并记录在班级记录单上。

2. 明确问题：设计不会堵的下水井盖

城市之所以容易发生内涝的现象，主要是因为城市的排水系统无法及时地将蓄积在路面的水排出。现如今城市中的排水管道大多直径较小，这样的水管一旦有杂质或泥沙淤积就容易发生堵塞，而深埋在地下的管道改装难度较大，因此，我们需要设计不让或者少让杂质进入的下水井盖。

3. 评价标准

帮助学生明确接下来研究和设计制作的评价标准，让学生在执行项目的过程中能够以此为导向来审视自己组的项目。

表7　评价标准表

排水能力	快速排水（尽可能排出2.5升水）
过滤能力	排出的水有较好的清洁度
成本方面	所选材料及使用材料方式均达到最大性价比

（二）准备阶段（80分钟）

本环节的目标是为项目学习的开展做好知识准备和技能准备。

1. 知识准备（30分钟）

（1）滩涂变沃野。我们的家乡北滨太湖，素有"鱼米之乡"的美誉，但是在千年之前，太湖沿岸还是一片荒凉的、泥水各占一半的沼泽地，勤劳而智慧的祖先，将土壤一寸寸地与水分离，历经了几个世纪，才有了如今这片适于生存、繁衍和种植的土地！

播放视频或者课件，感受太湖沿岸经过古代劳动人民的智慧改造后的变化。

（2）分离泥与水。将土壤装入水槽，倒入一定量的水，模拟千年前太湖沿岸周边的沼泽地区。

请学生分小组讨论将水槽中的土壤和水尽可能地分离开的方法。适当地准备一部分材料让学生进行方案制订后的尝试，然后进行小组交流。交流的内容可以是成功的方法，也可以是没有成功的反思。

（3）了解竹篱透水技术。教师用玻璃烧杯出示一杯泥水，让学生思考如何把烧杯中的水和其中的泥沙分离。

学习了过滤实验的学生，能够很容易地联想到可以用过滤的方法进行分离。教师播放视频或者课件回顾过滤实验。

过滤实验的方法能不能用于分离水槽中混在一起的泥水呢？

教师发放大张滤纸，小组进行实验。一般来说，由于滤纸的孔比较微小，重力不能有效地发挥作用，因此水的渗透能力有限，透水的效率比较低，泥和水虽然会分离，但时间会很长。

教师通过视频或者课件，介绍竹木透水围篱技术。

竹木透水围篱技术

将南方常见的毛竹编织成网状，用木板将竹篱固定在泥泞的沼泽土壤中。水分透过竹篱间的缝隙流出，而土壤则被留在了竹篱的内侧，从而实现了比较原始的水土分离。

图13　竹木透水围篱

2. 技术准备（50分钟）

学习制作透水围篱。

（1）材料清单

竹片

剪刀

底部挖孔的水槽

图14　材料

（2）制作步骤

1. 在横向的竹片中上　　2. 插入第二片竹片，交　　3. 依次插入竹片，直到
下交错地插入竹片　　　错顺序与第一片相反　　编织成需要的尺寸为止

图15　制作步骤

由于竹片有比较好的韧性，在制作竹篱的过程中会出现竹片越来越难插的情况，可以事先把竹条放入热水中浸泡一段时间或者减小竹片的宽度。

小组把制作好的竹木围篱放置在水槽底部，在水槽中倒入混有叶片的泥水，尝试着把水槽中的叶片、较大颗粒的泥沙和水进行分离，并记录实验过程中出现的问题，进一步改进思路。在实验过程中，可能会出现泥水从围篱侧面漏出的情况，可以提醒学生用油性橡皮泥或者凡士林加以密封。

表8　活动记录表

排水过程出现的问题有哪些？	
如何改进上述出现的问题？	

（三）设计制作（180分钟）

活动一：改进排水井的透水技术

1. 分享交流（10分钟）

请学生以小组为单位走上讲台，展示围篱透水实验过程中出现的问题，以及对于怎样改进提出自己小组的想法。同时，其他小组在台下倾听的过程中也可以提出自己的想法，教师要把学生的想法简要写在黑板上。

2. 改进再实践（40分钟）

经过上一阶段头脑风暴般的小组交流之后，学生分享了实践过程中出现的问题以及可能的解决问题的思路，对于自己想到的办法能不能管用，也是学生急于尝试的。

教师向每个小组发放两套实验器材，用于小组内开展对比实验。如果学生的想法比较单一，教师也可以对学生进行适当的引导，例如，改变竹篱竹片的形状、改变竹篱的层数、在竹篱中间增加填充物等。由于问题比较开放，实验器材无法完全准备妥当，可以基于上一次实践的结果，鼓励小组自行解决本次实验的部分材料。

3. 实践反思（10分钟）

在实践的过程中，也许要多种方案共同使用，问题也不可能一次性解决。所以要求学生在实践过程中完成记录，并反思如何进一步改进透水技术。

表9 活动记录表

透水的效果与_____有关	
如何改变	
我的反思	

设计意图：经过上一节课亲自动手制作竹木围篱，体验围篱的透水效果以后，在实践过程中一定会出现许多问题。例如，竹篱的间隙过大导致杂质和水分离不彻底；竹片宽度过小，导致透水的速度不理想；竹篱的硬度不够，实际使用过程中会出现压陷，等等。围篱透水看似简单，但是在实际应用过程中问题并不少，这些问题也正是学生期望解决和感兴趣的。

活动二：运用实践

经过之前的两次实践改进以后，学生制作的竹木围篱已经有了比较好的过水滤沙、滤杂质的作用，但是实际排水的过程是利用水的重力自上而下垂直进行的，因此竹木围篱在工程上是否有效，依然需要营造现实的环境加以验证。

1.实验方案讨论（15分钟）

教师出示水槽，将底部和侧面进行切割，模拟下水道井盖的形态，如下图所示：

图16　底部挖空的水槽

教师可以向学生提出关于实验的细节的问题。例如，竹木围篱应该放置在窨井盖的外侧还是内侧？怎么防止泥水通过周围漏出来？

在实际实验过程中，教师可以发给学生油性橡皮泥等材料帮助围篱密封。

教师提出问题：如何来衡量竹木围篱的效果？

可以由学生说明衡量围篱好坏的标准，学生回答有难度的时候也可由教师加以引导。围篱的使用不能对排水的速度有太大的影响，否则就会顾此失彼，与解决问题的初衷背道而驰，因此衡量围篱好坏的其中一个标准就是排出等量的水所需要的时间的多少。其他学生言之成理且经过全班讨论通过的标准，也可以加入其中。

2.实践检验（45分钟）

即使学生在更加真实的环境中检验之前的设计，依然会出现不少问题。这与现实中由原型到产品需要反复实验、修改、再实验是一样的。在实验当中，学生要进行记录，并且反思这次实验中出现的问题，以及怎样进行更进一步的改进。

表10　围篱垂直和侧面透水活动记录表

改变条件	
不变条件	

续 表

透水效果	
改进反思	

设计意图： 本次活动是上一次活动的自然衔接，学生在上一次活动中对改造井盖的竹篱进行了改进，让原本透水的间隙变得更小，从而获得更好的滤水效果。但同时，更小的空隙也让水平的井盖更加容易被淤泥、树叶等杂质所覆盖，影响排水的效果。因此，路面除了需要水平放置的井盖以外，还需要增加竖直方向的排水井盖，这样可以比较好地解决水平井盖出现的问题，但是由于竖直井盖没有水的重力作用，因此，竹篱间隙需要调整。

活动三：比比谁的效果好

经过前面几节课的体验和制作以后，学生基本已经制作出可以达到一定滤沙过水功能的围篱，但是学生制作出的围篱依然有很大的改进空间，并且每组对于自己的围篱设计和改进也有不同的思考，因此，要让学生的设计趋于完善，需要小组与小组之间进行交流，从而对各组的产品进行再设计。

1. 确定比赛规则（15分钟）

学生的交流可以借由学生小组比赛的形式开展，这也是学生乐于参与的一种活动形式。在比赛前，教师要组织学生对比赛的方法和规则进行探讨。教师可以向学生提出问题如怎样进行比赛，怎样衡量围篱透水的效果。

我们来比比哪一组改进的井盖效果好，并将数据记录在下面的表格中。

比赛规则：

（1）每组透水2.5升。（一个大可乐瓶）

（2）要求2分钟内排干净水，多一分钟扣1分，共5分。

2. 小组实验记录（30分钟）

表11 小组实验记录表

小组	透水效果		总分
	透水时间	水浑浊度	

3. 小组分享讨论（15分钟）

经过比赛后，学生会发现自己小组的设计和制作依然存在问题，但也有较好的地方。教师可以要求学生记录在比赛和实验过程中遇到的困难，以及针对遇到的困难进行的反思，以供小组间进行交流分享。

设计意图：之前对于排水井盖改进的主体是每个单一的小组，小组内部由于人数较少，方法也有限。因此，小组竞赛的方式：通过呈现每个小组的制作成果，从效果好的小组内挖掘成功的经验，从效果不好的小组内寻找失败的原因，在项目中实现经验共享，为后续的改进工作提供支架。

表12 STEAM学习评价表

主要指标	☆	☆☆	☆☆☆	1组	2组	3组
排水速度	排水时间大于5分钟	排水时间3~5分钟	排水时间小于3分钟			
过滤能力	滤水含较多泥沙	滤水浑浊	滤水较清澈			
成本情况	材料成本高，未合理应用	材料合理，成本高	材料合理，成本低			

四、体会感悟

本次的STEAM以太湖溇港开发中使用的"竹木围篱，泥水分离"技术为出发点，以改进路面排水井盖的设计为目标，以期解决或者缓解"城市内涝"问题。

整个项目经历了从了解竹木围篱技术到利用重力实现垂直透水，再到增加过水速度这样一系列的过程。在整个实施的过程中，由于学生已经学习了过滤以及力等方面的科学知识，整个解决问题的思维递进还是比较顺利的，稍加点拨学生就能在理论上提出一些可行的方案。

因此，整个项目的难点并不在于科学知识方面，而在于透水装置的设计和制作这样的技术方面。例如，一开始使用竹条制作竹篱，虽然竹条比较薄，但是经过多次交叉编织后，硬度就会变大，越往后越难操作，所以最后学生想到用热水浸泡的方法才完成了第一步的制作。后来，又有学生尝试用垫板剪成的塑料条代替竹条，也算是对材料有了进一步的改进。又如，在实验过程中，泥水很容易从侧面漏出，干扰实验结果。为了防止泥水的漏出，学生多方尝试，最后发现利用凡士林和胶布的效果最好。以上种种技术难点，在整个项目中数不胜数，学生最终在一次次的实践中解决难题，我们也能感受到学生心中泛起的成就感。

本案例在实施过程中对学生的毅力和耐心是一次极大的考验。材料就在身边，有太多的材料可以选择，如何通过合理的结构设计和材料组合，达到效果和成本的平衡，这正是其难度所在。学生也正是在这样的过程中，逐渐明白即使对于一个简单的项目而言，仅仅有科学知识也是远远不够的，技术与科学的结合才能真正地解决问题，这样的经历对于学生综合素质的提高无疑有着积极的一面。

专家点评

此项目从"城市内涝"这样一个真实的问题出发，在项目实施过程中使用的材料都是生活中常见的，不论是问题情境或是材料选择都符合学生的生活经验。在项目的实施过程中，始终遵循发现问题、解决问题、再有问题再解决这样的技术路径，不断改良排水井盖透水装置的设计和制作。在解决问题的过程中，教师尊重学生自己的想法，不把自己的意愿强加于学生，让学生有充分的机会去尝试和改进，在实践和自我纠错的过程中，学到扎实的科学技术知识，培养学生实事求是的科学态度。

——湖州市小学科学特级教师　沈跃群

畅通的下水管道

湖州市仁皇山小学 周峰

一、项目设计

（一）项目介绍

"畅通的下水管道"是城市溇港项目中的第三个项目，适用于小学五、六年级。该项目以城市排水管道容易堵塞，造成排水速度慢为背景，以设计建设"畅通的下水管道"为题材，分成5个课时进行学习。项目通过分析造成下水管道堵塞的原因及对溇港知识的学习，将古代清淤的知识加以迁移运用，运用真实的问题模拟研究和建模分析，从而培养学生在真实的情境中分析问题、解决问题的能力。

（二）学习目标

1. 科学（S）

（1）学会运用相关知识分析下水管道堵塞的原因。

（2）能够提出解决问题的科学方法。

2. 技术（T）

（1）学会套管之间的连接方法。

（2）知道二通管、三通管等管道的具体作用。

3. 工程（E）

（1）学会根据设计图纸搭建排水管道的模型。

（2）学会从工程的维度对方案进行评价。

4. 数学（M）

（1）学会利用公式计算水的流量。

（2）学会核算成本，并进行分析与比较。

5. 艺术（A）

（1）学会设计具有工程理念的设计图。

（2）学会对模型进行修改和美化。

课标链接：

科学知识：泥沙具有沉积现象。水的深度不同，压力也不同。工程的关键是运用科学和技术进行设计，目的是解决实际问题和制造产品。

（三）教学准备

1. 材料准备

材料：管道、清水、泥水、二通管、三通管、直通管、异径连接管、水槽。

工具：水管密封胶带、记录评价纸。

2. 安全教育

进行相关实验操作时需要戴手套，以防泥水飞溅，同时要注意上课教室的卫生工作。

（四）课时安排

本STEAM项目学习一共分为5个课时，具体课时安排如下：

第一课时：40分钟。（提出问题和知识准备）

第二课时：40分钟。（技能准备）

第三课时：40分钟。（完成任务一）

第四课时：40分钟。（完成任务二）

第五课时：40分钟。（评价展示、拓展提升）

二、项目流程

本STEAM项目实施过程主要分为提出问题、准备阶段、阐述制作、展示评价与拓展提升五个环节，每个环节的具体实施过程分述如下：

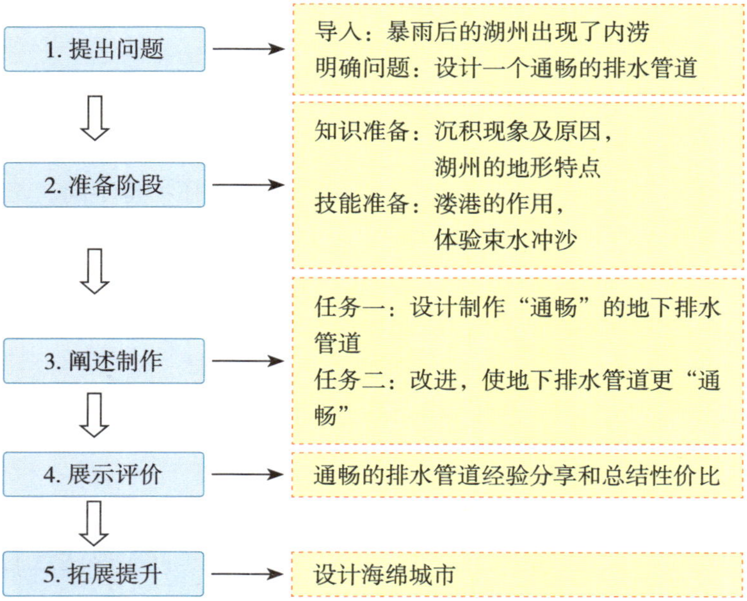

图17　STEAM项目实施流程图

三、项目实施

（一）问题情境（20分钟）

暴雨天气，城市的下水管道承载着快速排水的任务，然而随着城市的发展，居民生活水平的提高，原有的城市下水管道已经不能很好地承担起这个任务。在路面水量过大时，由于下水管道长时间的泥沙淤积、管网分布不合理、管道狭窄等多方面原因，造成城市下水管道排水速度慢，部分管道淤积等。如何解决城市排水管道淤积、排水速度慢的问题呢？

1. 导入：创设真实情境

提问：同学们，请看下面的两幅暴雨后的湖州道路图，你们看到了什么现象？是什么原因造成了城市内涝？

图18　暴雨后的道路1　　　　　　图19　暴雨后的道路2

意图：向学生出示湖州暴雨后的城市道路图片，引导学生对发生内涝的原因进行讨论，思考如何解决这一问题，从而引出需要重新设计排水管道，激发学生对下水管道的研究兴趣。

2. 明确问题：设计通畅的下水道

现在，我们需要建设一条排水速度快，且排水管不容易堵塞的下水管道，针对这一需求，学生以小组为单位，选取给定的材料，设计并搭建一个通畅的下水道。

3. 评价标准

本项目主要从以下三个方面进行评价：排水能力（能在1分钟内排出尽可能多的水），管道淤积（管道内留有较少的泥沙或者没有泥沙），成本控制（所选材料及使用材料的方式均达到最大性价比）。

（二）准备阶段（60分钟）

本环节的目标是为项目学习的开展做好知识准备和技能准备。

1. 知识准备

（1）泥沙在排水管道中的沉积现象及原因

提问：由于地面有大量的泥土，每次暴雨后，这些泥土就会被雨水冲入地下管道，会发生什么现象呢？让我们用模拟实验的方法来验证一下。

实验材料：直径50毫米，长50厘米的透明亚克力管道；直径25毫米，长50厘米的透明亚克力管道；弯管；泥浆水；水槽。

实验过程：

①泥浆水从地面流入直管，再注入下水管，最后流入河道。

地面

直管

下水管 河道

图20 测试管道图

②观察直管、下水管中泥沙的沉积现象。

③分析泥沙容易沉积的原因。

意图：在生活中学生较少观察排水管道的现象，靠的完全是自己的生活认识。分组实验能够让学生在实验中观察泥沙的沉积现象，更加真实地向学生呈现出排水管中出现的问题，为后续设计符合实际的排水管道提供依据。

（2）湖州的地形特点

提问：通过观看地势图，说一说湖州的地势有什么特点？

意图：从外部分析湖州容易发生内涝的原因。湖州紧邻安吉、德清、长兴，三者的地势高于湖州，湖州市区是湖州地势最低的地区，因此从古至今，湖州最容易发生内涝与洪水。

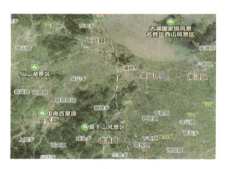

图21 湖州地势图

2. 技能准备

（1）了解古代的湖州是如何治水的

提问：首先观看溇港宣传片，了解古代治水措施，让学生说一说"溇"与"港"有什么特点，起到了什么作用，溇港水利工程对目前城市排水管道的设计有什么启发。

图22 溇港宣传片

意图：了解古人是如何防洪治水的，然后让学生进行知识的迁移，思考如何将"溇"与"港"利用到现代的城市排水管道，解决城市排水速度慢的问题。

（2）体验束水冲沙

①了解"束水冲沙"的原理

提问：从右图中，你可以看到河道口有什么变化？这样设计的原因是什么？

②探究实验：

a. 观察实验材料：透明塑料管和异径连接管。

图23　入湖口朝向设计

图24　透明塑料管

图25　异径连接管

b. 请按下图连接管道，模拟河道。

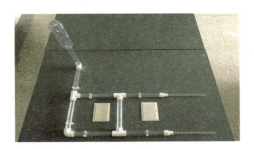

图26　模拟河道实验图

c. 实验步骤。

第一步：在建好的河道口放一些泥沙。

第二步：用塑料瓶装满水模拟流水。

第三步：观察泥沙的冲击情况并记录结果。

表13 实验结果记录表

记录看到的实验结果：
实验结果说明了什么？

意图：了解古人是如何利用束水冲沙的原理治理河道口的淤泥的，思考如何将束水冲沙的技术利用到现代的城市排水管道，解决城市排水管道容易堵塞的问题。

（三）设计制作（80分钟）

任务一：设计制作"通畅"的地下排水管道

1. 设计城市雨水排水管道连接图

观察：现代下水管道的图片。

图27 下水管道图1

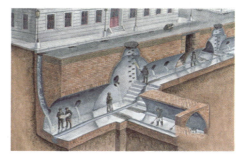

图28 下水管道图2

提问：现代城市的排水管道的设计是怎样的呢？有什么特点？

小组合作：为了解决湖州路面容易发生内涝的问题，让学生结合材料的价格、优缺点及可行性等综合考虑，提出"通畅"的下水管道的设计方案。

表14 下水管道材料价格表

材料价格公示（元/个）			
32毫米塑料管	6	四通管	4
20毫米塑料管	4	异形口径管	3
弯管	2	球阀	5
三通管	3	防水胶布	1

设计图纸：对湖州的地下排水管道重新进行设计，在图纸中画出排水管道的安放位置。

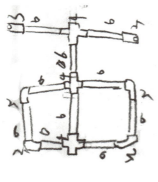
图29　设计图1

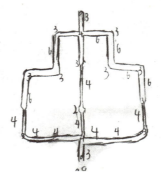
图30　设计图2

2. 制作模型

技术指导：视频或演示各个部件的连接方法，并提出注意点。

小组合作：根据设计方案，选择所需材料，完成"通畅"的下水管道的搭建。

塑料透明管（粗）

塑料透明管（细）

异径连接管

弯管

三通管

四通管

图31　各种材料

3. 测试模型：排水能力检测

测试：1分钟内各类水质的水的排出量。

展评：结合排水能力、成本、外观等对自己组的作品进行展示和自我评价。

图32　排水实验图1

图33　排水实验图2

4. 发现新问题：泥水容易堵塞

提问：通过刚刚的测试，各个小组制作的排水系统遇到了什么问题？

意图：通过这样提问，让学生分析自己制作的模型在遇到泥水时容易堵塞的原因，从而让学生进行改进。

任务二：改进，使地下排水管道更"通畅"

1. 改进方案

提问：我们初步制作的排水管道随着时间的推移，因泥沙或是垃圾在管道中沉积，容易发生堵塞，那么怎样去改进地下排水管道，让管道不易堵塞呢？

小组合作：结合溇港模型、雨污分离等工程知识，改进下水道的建设方案。

2. 改进模型

利用所给的各类材料，对模型重新进行连接。

图34　雨污分离型

图35　分流型

（四）展示评价（20分钟）

请各小组展示汇报，每组5分钟，依次上台介绍并展示自己的设计作品，重点介绍设计理念、团队分工、执行任务时遇到的困难及解决方法。

各小组汇报成果表：

表15　评价要素：学习成果

主要指标	☆	☆☆	☆☆☆	第一组	第二组	第三组	第四组	第五组	第六组
排出速度	慢	一般	快						
成本控制	成本高，性价比低	成本合适，性价比低	成本合适性价比高						
泥沙淤积	较多	较少	少						

（五）拓展提升（20分钟）

设计海绵城市

1. 设计背景

大雨过后的校园，常常会遇到这样的情况：水泥地面积水严重，出行困难。

图36　大雨后的校园

我们期待的校园：虽然大雨刚过，校园内却无积水，我们照样可以穿着运动鞋，踏着湿润的路面，呼吸着新鲜的空气，欣赏别致的景色，自由地穿梭于教室、食堂、宿舍，不因积水而影响出行。

2. 海绵城市的结构组成

图37 海绵城市组成结构图

观察：海绵城市组成结构图。

提问：海绵城市由哪几个部分组成？分别具有什么功能？

3. 设计指标

（1）每分钟的排水量达到5升。

（2）道路积水不超过2厘米。

（3）路面垃圾与雨水分离，不进入雨水管道。

4. 设计图纸

尝试画出设计图。

四、体会感悟

（一）挖掘区域资源融入STEAM教学

本案例将区域特色的溇港水利知识融入现实问题的解决之中，考查了学生的知识迁移能力及应用知识解决问题的能力；在解决问题的过程中，也注重实践，通过寻找材料、对比实验等，让学生在不断的尝试中验证自己的猜测，完善自己的推理，最后综合已有知识及实践活动的新认知，设计和制造"通畅"的下水管道模型，从测试中发现存在的问题并提出解决和改进措施。通过这样的项目实践，学生的思维、探究等能力会得到综合提升。

（二）学科整合学习提升综合素养

本STEAM活动是基于城市下水管道的排水不通畅的问题而进行的。如何让下水管道更加快速地排水？如何让排水管道具有清淤功能？管道淤泥除了人为铲除以外，还可以利用水流的变化，形成水压差，从而对管道淤泥进行冲击，这种方法相比于人工清淤，具有较大的优势。

这种方法是基于太湖溇港水利灌溉及防洪系统提出的。古代溇港的河道口由于风的影响，太湖河道的泥沙会淤积在入湖口，古人利用束水冲沙的原理，改变入湖口的大小，形成天然的水压差，利用水速的不同冲击入湖口，达到清淤的效果。在这个知识的学习中，学生会进行迁移，思考如何利用这项技术让城市下水管道不再堵塞。

学生在学习的过程中从实际问题出发，通过设计图纸、搭建模型、实验测试，不断地进行学习与实践，将科学、工程、技术、数学、艺术进行整合性学习，在反复实践和模型测试中，得出了相对理想的下水管道建造方案，最后通过拓展，将项目研究所得的知识和方法推广到实际生活，为城市路面改造提出建设性的意见。

专家点评

本案例选择的这个题材具有文化传承方向的意义，更有科学与工程方面的价值。

从科学角度讲，"束水"是否能冲沙，可以通过对比实验进行研究。本案例中的模型入湖口变小了，但善于思考的学生会想，这样水会不会由于流不出去，造成倒灌现象？所以学生有必要进行实验，加强科学探究方面的实践。另外值得一提的是，城市下水管道到底怎样更好，是加大管道内径、增加临时蓄水功能还是分流？本案例中提到了雨污分离型，但没写明白，所以读者不清楚这项设计是怎样的。

从科学研究方法角度来说，本项目建议进行真正的调查，而不只是进行图片分析和模拟实验。调查真正的下水道、井盖设计、下水栅栏设计、下水管材料与内径、下水道真正的淤积情况、入河口是怎样的等。一个真正好的STEAM项目，就要进现场，进行实地调查研究。

——浙江外国语学院　陈晓萍

第二章 "丝路"之旅

　　湖州市吴兴区位于浙江北部，北滨太湖，东与浙江嘉兴市和江苏苏州市接壤，南连杭州，西依天目山，并与皖南为邻。湖州是我国最著名的古老蚕区之一，也是中国优质蚕茧生产基地和丝绸出口创汇基地。

　　"世界丝绸之源"——钱山漾文化遗址位于湖州市吴兴区八里店镇潞村古村落，遗址处于杭嘉湖平原，古村落出土了大量的陶器、稻谷、木制品及绢片、丝带、丝线等。一片4000多年前的绸片，经岁月磨蚀，虽已没有了当年的色彩，但却留下了历史和文明的印记，成为世界上迄今最早的家蚕丝织品实例。由此中国湖州钱山漾文化遗址被正式命名为"世界丝绸之源"。

图1　钱山漾文化遗址出土的绸片

　　本项目中，学生将跟随这饱经风霜的绸片经历一场神奇的"丝路"之旅，体验抽丝、织绸、染色等项目的乐趣。学生需要通过设计、制作、测试和改进一些工具来完成任务，在认识和理解控制变量的基础上，分析各种因素，探究蚕丝的一些特点。本项目重点在于强化学生的工程思维，培养学生综合解决问题的能力。

　　课程领域： 科学、数学、技术、工程、艺术
　　建议年级： 小学四年级

抽丝剥茧

湖州市湖师附小教育集团　黄君健

一、项目设计

（一）项目介绍

本项目主要包括4课时，其中1课时为家庭STEAM拓展。项目的实施，以学生养蚕成果为基础。学生探究蚕茧的用途，并探究如何进行抽丝剥茧，如何更加有效、快速地进行抽丝剥茧。探究的本质在于基于现实问题，培养学生发现问题、设计问题、解决问题的能力，突出体现了STEAM教育理念中的迭代思想，是一项有价值、有意义、可操作的STEAM课程。

（二）学习目标

1. 科学（S）

（1）了解蚕茧抽丝前的准备。

（2）知道一个蚕茧的蚕丝长度。

2. 技术（T）

（1）能够对缫丝工具进行设计。

（2）能够设计简易的缫丝工具。

（3）会利用人工智能改进缫丝工具。

3. 工程（E）

（1）根据蚕丝的特点制作出缫丝工具。

（2）体会工程师的工作流程。

（3）学习制作简单的电路、轮轴等，帮助缫丝。

（4）通过不断分析，改进自己的产品。

4. 数学（M）

（1）通过数学方法计算出蚕丝的长度。

（2）能对数据进行对比分析。

（3）在数据分析中发现问题。

5. 艺术（A）

（1）提高学生理论联系生活的技能。

（2）学会美化设计。

课标链接：知道蚕丝的长度，并会利用轮轴、简单电路等知识与技能提高缫丝速度。

（三）教学准备

1. 材料准备

材料：蚕茧、胶水、纸杯、竹棒、木条、小马达、光盘、纸板。

工具：铅笔、尖嘴钳、烧杯、酒精灯。

2. 其他准备

课件PPT、视频、图片、教具等。

3. 安全教育

（1）在准备蚕茧的过程中，需要用沸水煮开，小心烫伤。

（2）在制作纺织机的过程中，使用工具时注意手不要被划破。

（四）课时安排

本STEAM项目学习一共分为4课时，具体课时安排如下：

第一课时：60分钟。（完成任务一：问题情境、准备阶段）

第二课时：60分钟。（完成任务二：制作）

第三课时：60分钟。（完成任务三：展示评价）

第四课时：60分钟。（拓展提升）

二、项目流程

本STEAM项目实施过程主要分为以下五个部分，每个部分都有对应的课时，具体流程如下：

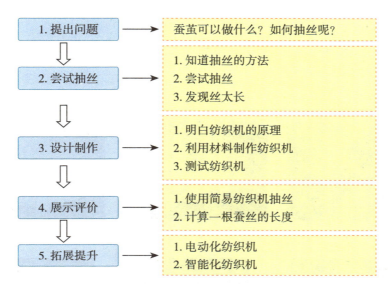

图2 STEAM项目实施流程图

三、项目实施

（一）任务一：初步缫丝

1. 提出问题（20分钟）

导入：创设真实情境

同学们，你们还记得蚕宝宝一共蜕了几次皮才结成蚕茧的吗？同学们对饲养蚕宝宝的过程一定充满了惊喜。那么，蚕宝宝变成蚕茧之后，我们又可以做些什么呢？对，你们猜得没错，我们还可以"抽丝剥茧"。对于"抽丝剥茧"你们又有哪些问题呢？

思考：如何快速地抽丝剥茧并知道蚕丝的长度？

2. 准备阶段：蚕茧如何抽丝呢？（40分钟）

技能与知识准备：如何开始抽丝剥茧

（1）本课以学生已经饲养过蚕宝宝为基础。

学生通过辛苦的饲养得到了很多蚕茧，这些蚕茧可以抽丝，蚕丝可以加工成美丽的丝织品。但是如何抽丝呢？蚕茧要经过怎样的处理才能抽丝呢？怎样找到蚕丝的头呢？

（2）蚕茧的处理和初步抽丝

①抽丝前的准备。（茧子的处理）

②操作方法。

抽丝所需材料如下：

玻璃棒　　　　　　　　蚕茧　　　　　　　　石棉网

三脚架　　　　　　　　烧杯　　　　　　　　酒精灯

图3　抽丝所需材料和工具

a. 放好三脚架和石棉网，并点燃酒精灯，将蚕茧放入装有250毫升自来水的烧杯中，放在石棉网上加热蚕茧。

图4　烧杯中的蚕茧

b. 水烧开后用玻璃棒稍加搅拌，一直煮到蚕茧脱胶。（呈透明状）

图5 煮蚕茧

c. 用玻璃棒搅拌，挑出丝线头。

图6 挑出丝线

d. 转动玻璃棒，缫丝就开始啦！

3. 改进：提高抽丝效率

问题：学生们利用玻璃棒进行抽丝，发现效率很低，怎么办呢？

意图：同学们兴致勃勃地开始旋转缫丝，发现利用玻璃棒进行缫丝时，效率很低，缫丝约10分钟，抽出来的丝线非常少，蚕茧的大小变化也很小。学生们开始感受到一个蚕茧的丝线是很长的，需要改进缫丝的工具。

思考：初步改进缫丝工具的方法。

学生们想到可以使用直径更大的纸杯来进行旋转缫丝。教师提供纸杯，学生们又开始缫丝，效率明显提高很多。

问题：一个蚕茧的蚕丝到底有多长呢？

通过使用纸杯进行缫丝，学生发现缫完一个蚕茧，需要的时间大大超出了预算时间，那么一个蚕茧的丝线到底有多长呢？

思考：寻找更加有效的缫丝方法。

手动缫丝看似简单，但通过实践发现，其实是一项机械而又漫长的工作，那么如何提高缫丝的效率呢？如何简单地知道一个蚕茧丝线的长度呢？

根据所提问题，教师总结，安排接下来的活动任务。

设计意图：基本的缫丝技巧需要告知学生，学生在操作中会有所体会，比如，蚕丝很长，手动缫丝的话可能需要很长时间，那么如何改进缫丝工具将成为学生思考的重要问题。自然引出下一课时的重点内容：改进缫丝工具。

（二）任务二：高效纺织机（60分钟）

反思：通过第一课时的学习，学生对于蚕茧的缫丝有了基本的认识，初步学会了煮茧、找丝头等，同时在课堂小结的时候发现了问题：手动缫丝效率低和蚕丝的长度到底是多少。

1. 思考：缫丝工具的要求

通过第一课时的学习，学生已经对于缫丝工具的原理有了一定的认识。课堂可以头脑风暴的形式，让学生对缫丝工具的功能提出自己的见解：

（1）利用轮轴的原理，更方便地进行旋转。

（2）使用大轮子带动小轮子的方法，提高缫丝效率。

（3）使用电动小马达，实现电动化。

（4）利用计数跳绳的计数器，对旋转圈数进行计数。

（5）可以利用椅子的脚进行缫丝，方便计算长度，也可以提高效率。

2. 操作：设计缫丝工具

通过头脑风暴，学生根据教师所提供的材料，进行纺织机的设计。

教师提供的材料：光盘、电池、小马达、导线、纸杯、木条、木块、铅丝、钉子、热熔胶枪等。

评价标准：

（1）可以方便地进行缫丝。（10☆）

（2）缫丝越快，得分越高。（按照名次：10☆、8☆、6☆、4☆、2☆）

（3）有稳定的结构，可以实现单人操作。（10☆、5☆）

（4）同等得分情况下，材料少者获胜。

3. 实践：动手制作

学生根据设计图，制作高效纺织机。

4. 小结与反思

设计意图：学生发现手动缫丝比较慢，开始使用给定的材料进行快速缫丝工具的设计。在设计与制作过程中，有的学生利用轮轴等结构改造，有的学生利用电动工具进行改造，学生根据自己的能力改造缫丝工具，在任务驱动下完成项目。

（三）任务三：运行高效纺织机（60分钟）

反思：学生根据设计图基本完成高效纺织机的制作，形式多样，原理也不尽相同，今天这节课，我们就利用制作的纺织机进行蚕茧的抽丝活动。

1. 展示

展示第二课时制作的高效纺织机，并进行原理的介绍。

2. 操作

学生利用第一课时所教授的方法，先进行缫丝，找到蚕茧的丝头，然后利用小组设计的纺织机进行缫丝。具体评价要求见上一课时。

3. 学生操作

图7 利用马达电动缫丝　　　图8 接入计数器记录圈数

图9　利用椅脚缫丝，便于记录长度

图10　采用轮轴原理缫丝

4. 评价表

表1　"抽丝剥茧"评价表

序　号	评价内容	得　分
1	纺织机的效率	
2	纺织机的操作简易程度	
3	纺织机的美观程度	
4	是否测量出蚕丝的长度	
5	我觉得一个蚕茧的丝的长度为＿＿＿米	
6	纺织机使用材料（越少越好）	
7	我在小组中的贡献	

5. 总结

（1）学生学习完本课后，对蚕茧的抽丝有了深刻的认识，知道了工具对于完成任务有着重大的决定性作用。

（2）发现问题、设计问题、解决问题是基本的工程思维，学生应该在以后的学习中多应用工程思维。

（3）部分有能力的学生，对于教师提供的材料还不够满足，又提出电动纺织机和智能纺织机的概念，可以作为家庭STEAM的内容。

设计意图： 经过上一课时的制作环节，这节课学生展示自己的工具，操作自己的工具，在操作与实践中又有了新的想法，并且对他人的作品和想法有所感悟。

（四）智能纺织机（家庭STEAM）（60分钟）

反思：部分学生不满足于课堂上教师提供的材料，对纺织机提出了更高的要求，比如电动纺织机、智能纺织机（机器人）等。教师可以做适当的引导。

学习支持：

1. 小马达的电路

设计小马达的电路

2. 小马达的变速

可以采用不同大小的塑料皮带轮。大轮带动小轮，速度变快，扭矩变小。小轮带动大轮，速度变慢，扭矩变大。

图11　皮带轮

图12　不同大小的齿轮传动

3. 智能套件（以乐高为例）

机器人可以计算转动的圈数，由此计算出丝线的长度，缫丝的过程也可以实现自动化。

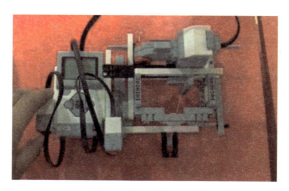

图13　自动化缫丝机

四、体会感悟

本项目继承和发展了传统的技艺——缫丝工艺，虽然很多技术是模仿古人或者是不完善的，但是对于学生来说，这些设计和改进是有价值和有创意的。

学生在制作与改进的过程中不断地进行思考，使得缫丝的速度越来越快，并且实现了智能计算蚕丝长度。对于学生来说，这是一个发现问题、设计方案、解决问题、完善作品的过程，是一个比较完整的工程过程。

在此项目实施的过程中，教师作为活动的组织者，学生是学习的主体，很多问题的发现与解决都依靠学生小组团队来完成。在小组团队的合作下，学生激发出创造力，达到快速智能缫丝的目的。

同时，在项目实施的过程中，我们可以发现，学生解决问题的途径是不同的，有的学生采取轮轴的方式，简单直接，有的学生采取传动——大轮带小轮的方法，有趣好玩。还有一部分学生不满足于手动工具，想到利用电动马达和乐高机器人等方式来解决问题，大胆且富有创意。

在实施过程中，本项目遵循STEAM的教育理念，但是由于学生的动手能力及工具的限制，很多有想法的创意还是无法实现。所以，在教学过程中，教师不可忽略学生最为宝贵的"天马行空"的创意。

专家点评

　　湖州市是丝绸之府，自古就有养蚕织布的传统。"抽丝剥茧"项目可谓既是对乡土优良文化的传承，又是对教材"养蚕"活动的进一步开发和拓展。基于当地文化和教材内容的STEAM项目，有其独特的魅力和可行性，对学生充满了吸引力。

　　项目的设计遵循STEAM课程理念，层层推进，以学为本。学生为了知道一个蚕茧的蚕丝长度，尝试抽丝，研究问题源于科学。学生在抽丝过程中发现"丝很长，抽得很慢"这个实际问题，自然引出了"改进抽丝工具，加快抽丝速度，测出一个蚕茧丝的长度"的需求，进而参与到设计纺织机—制作纺织机—测试纺织机—改进纺织机的活动之中。本项目将工程、技术、数学很好地结合在一起，更融入了乡土文化的因子，比较适合小学生研究。

　　　　　　　　　　　　　　　　　　　　　——浙江省教研室　王耀村

蕴彩丝绸

湖州市吴兴区第一小学　王鑫芽

一、项目设计

（一）项目介绍

本项目主要面向小学中高段年级的学生，共包含5课时。项目实践过程能充分发挥学生学习的主观能动性，激发学生对丝绸技艺的兴趣，培养主动学习的习惯和探究新知的意识，创设自主、合作、探究的学习环境，使学生在快乐、轻松的学习氛围中探究丝绸的编织、草木扎染等传统技艺，全面了解丝绸文化，自觉参与丝绸技艺的传承。

（二）学习目标

1. 科学（S）

（1）知道草木扎染是用植物的根、茎、叶、皮来提取染液给纺织物上色。

（2）知道丝绸是用蚕丝或合成纤维、人造纤维、短丝等织成的。

2. 技术（T）

（1）能够用简易织布机织出一块"布"。

（2）能够操作真正的织布机。

（3）能够用电磁炉加热一些液体。

（4）能够用一些小工具帮助丝绸染色。

3. 工程（E）

（1）体会产品生产的工程技术流程。

（2）了解工程中的成本因素。

（3）通过不断地分析，改进自己编织的"布"成品。

4. 数学（M）

（1）认识各种图形。

（2）能够根据图形需要，绘制设计图。

（3）能够估计产品制作过程中的材料用料。

5. 艺术（A）

（1）发挥创意，组合使用提供的材料设计并编织出具有创意的"布"。

（2）发挥创意与想象，使设计具备一定的主题。

课标链接：意识到使用工具可以更加精确、便利、快捷，了解人类的需求是影响科学技术发展的关键因素。

（三）教学准备

1. 材料准备

材料：丝绸布料、各色毛线、泡沫板、棉线，苏木、姜黄、芹菜叶（染色用材料），食盐、橡皮筋。

工具：放大镜、大头针、简易织布机、织布机、剪刀、木棒、毛笔、滴管、筷子、烧杯、电磁炉、不锈钢锅。

2. 其他准备

课件PPT、视频、图片、教具等。

3. 安全教育

（1）教师向学生强调，电磁炉和剪刀在使用过程中要注意安全。

（2）在体验过程中，如遇到伤害要及时告诉教师。

（四）课时安排

本STEAM项目学习一共需要5课时，为保证项目的连贯性，建议实施环节以长课时进行，具体课时安排如下：

第一、二课时：80分钟。（问题情境、准备阶段）

第三课时：40分钟。（完成任务一：我来"织布"）

第四、五课时：80分钟。（完成任务二：展示评价）

二、项目流程

本STEAM项目实施过程主要分为以下四个部分，每个部分都有对应的课时，具体流程如下：

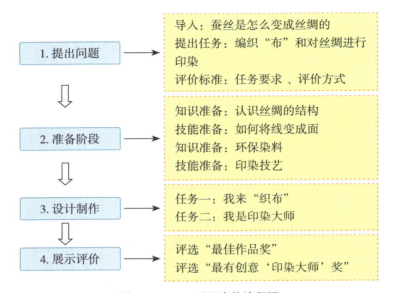

图14　STEAM项目实施流程图

三、项目实施

（一）问题情境（15分钟）

1.情境导入

蚕丝是怎么变成丝绸的？

本课是学生在自制缫丝工具基础上的一个衍生活动。学生在得到长长的蚕丝之后，自然会思考，这蚕丝怎么就变成丝绸了呢？在教师的引导下，学生通过讨论，可以提出很多相关问题。教师根据所提问题汇总整理，并制订接下来的活动计划。

2.提出任务

（1）编织"布"：学生利用简易织布机编织一块图案精美的"布"。

（2）对丝绸进行扎染：学生利用一些材料和工具，发挥自己的创意，对丝绸进行印染创作。

3. 明确标准

根据编织和印染的操作内容，使学生明确"最佳作品奖"和"最有创意'印染大师'奖"的评选标准。

"最佳作品奖"的主要要求：

（1）使用三种及以上毛线。

（2）编织紧密。

（3）图案精美。

"最有创意'印染大师'奖"的主要要求：

（1）使用多种颜色的染料。

（2）丝绸成功上色。

（3）印染作品美观。

（二）准备阶段（65分钟）

1. 知识准备：认识丝绸的结构

提问：丝绸大家都见过吗？它的结构是怎样的？你们能描述吗？

意图：通过观察，学生会发现丝绸的结构是经纬交错的，为下一阶段的活动做铺垫。

提问：你们还发现了什么？

讨论：根据前面学生的观察，发现织成丝绸的丝好像变粗了，让学生拿一根蚕丝比较之后发现，织成丝绸的丝是由几股蚕丝组合起来的，让学生来说说这样操作的好处有哪些，教师加以补充。

2. 技能准备：如何将线变成面

思考：如何将线变成面？

任务：教师给每位学生准备10根毛线，让学生根据前面的观察，想办法把一根根毛线编织成一个面。学生动手操作，并记录自己在操作过程中遇到的问题和解决的方法。

意图：学生发现纯粹地用手编织会遇到很多问题，必须要借助一些工具来帮助固定线，使其更紧密，从而引出简易织布机。

出示：简易织布机。

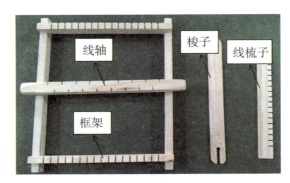

图15　简易织布机的结构

意图：向学生介绍简易织布机的工作原理：将毛线拴到梭子的一端，在线轴和线梳子的配合下，梭子在上下间隔分开的经纬线中来回穿过，就可以将经纬线编织成"布"了。

任务：学生实际操作简易织布机。

讨论：在操作过程中遇到了哪些问题？你打算怎么解决？

意图：学生发现用简易织布机编织"布"还会遇到很多问题，如编织的"布"太短了、颜色太单一等。

出示：真正的织布机。

意图：根据学生利用简易织布机织布时遇到的问题，引出真正的织布机，介绍真正的织布机的结构，并让学生感受到工具不断地改进，可以帮助我们更好地工作。

图16　真正织布机的结构

3. 知识准备：环保染料

提问：你们知道怎么得到环保染料吗？

意图：在这个环节，教师要向学生介绍草木染料，它是用自然中植物的根、茎、叶、皮来提取染液制成的，用来给纺织物上色。我们常用的染料植物有：茜草、红花、苏木、姜黄、蓝靛等。每种不同的材料，都能染出不同的效果，就像自然的色彩一样。

演示：用苏木获得染料的方法。

4. 技能准备：印染技艺

思考：怎样将得到的染料印染到丝绸上呢？

意图：教师介绍几种常用的印染方法，供学生学习、选择。

（1）滴染：利用毛笔、滴管等工具，在丝绸上点滴一些染料。

图17　用毛笔染丝绸1　　　　图18　用毛笔染丝绸2

（2）扎染：将丝绸用橡皮筋或棉线扎捆成形，接着洒上自己喜欢的染料或放在染料里同煮。

图19　用橡皮筋扎染布　　　　图20　在布上滴染料

（三）设计制作（110分钟）

任务一：我来"织布"

思考：你们打算怎么编织一块具有创意的"布"？

意图：学生已经初步掌握了简易织布机的使用，接下来就要进行一场"织布大比拼"了，小组根据"织布大比拼"评价表的要求，动手设计并编织自己小组的"布"。

组织形式：每3人一小组，共同讨论并设计自己将要织的"布"，根据设计到材料区领取材料，然后进行编织。每组将编织好的"布"贴上标签放在公共区域，等待其他同学评价。

任务二：我是印染大师

出示：一块教师印染的丝绸制品。

提问：你们能利用刚才的方法印染出一块比老师更具创意的丝绸制品吗？

意图：学生在学习过印染方法之后，根据"最有创意'印染大师'"评价表的要求，发挥自己的创意进行印染创作。

组织形式：环保染料需要通过2小时的熬煮才能得到，考虑到时间问题，教师在课前先对几种材料进行熬煮，课上每组只需花少量的时间再进行熬煮，就可以得到环保染料。每组成员将自己熬煮好的染料与其他组进行交换，并进行创意印染创作。最后学生将自己印染好的丝绸制品贴上标签放在公共区域，等待其他同学评价。

（四）展示评价（10分钟）

学生将自己创作的作品放在公共区域展示，其他学生根据评价表，对每个作品进行评价，最终评出"最佳作品奖"和"最有创意'印染大师'奖"。

表2　STEAM学习评价表（一）

主要指标 ＼ 组别	第一组	第二组	第三组	第四组	第五组
用到三种及以上毛线					
编织紧密					
图案精美					

续 表

主要指标＼组别	第一组	第二组	第三组	第四组	第五组
说明	编织时用到三种及以上毛线则给三颗"★"，如没有则相应地减"★"；编织紧密给三颗"★"，如没有则相应地减"★"；小组编织的图案精美给三颗"★"，如没有则相应地减"★"。最终获得"★"最多的前三组作品被评为"最佳作品奖"。				

表3　STEAM学习评价表（二）

主要指标＼组别	第一组	第二组	第三组	第四组	第五组
能用到多种颜色的染料					
丝绸上色成功					
印染作品美观					
说明	印染时用到两种及以上颜色则给三颗"☆"，如没有则相应地减"☆"；丝绸上色成功给三颗"☆"，如没有则相应地减"☆"；印染作品美观给三颗"☆"，如没有则相应地减"☆"。最终获得"☆"最多的前五名学生被评为"最有创意'印染大师'"。				

四、体会感悟

　　这个STEAM项目是在学生自制缫丝工具活动基础上的一个衍生活动。学生利用自制的缫丝工具抽出了长长的蚕丝，就会进一步思考如何把这些细长的蚕丝变成精美的丝绸。教师根据学生的思路，指引学生先去观察丝绸，了解丝绸的结构，再让学生尝试去编织"布"，最后指导学生通过最古老的印染技艺去装点丝绸，最终通过制丝工具和技艺的不断改进，让学生深刻体会到人类的需求是影响科学技术发展的关键因素。

　　这个STEAM项目充分发挥学生学习的主观能动性，激发学生对丝绸技艺的兴趣，培养学生主动学习的习惯和探究新知的意识，创设自主、合作、探究的学习环境，并让学生在快乐、轻松的学习氛围中学习丝绸技艺，全面了解丝绸文化，自觉参与丝绸技艺的传承。

这个项目还存在一定的问题。例如，在织布环节，由于缺少蚕丝材料，学生是用棉线来体验织布的，无法体会真正的蚕丝织造。另外，学生在印染过程中也出现了一些问题，如由于时间限制导致有些学生选取的材料不容易上色，对影响印染着色效果的问题没有展开讨论等。

　　在项目中出现的一个个问题都值得学生们去思考，去探究，去解决。我相信这个STEAM项目只是一个粗略的开始，在后面还将会陆续扩充，使这个项目更加丰满。

专家点评

　　该项目重点探究丝绸的编织和草木印染，用简易织布机织布，用纯生态的染料染色。学生在经历中发现、思考、解决问题。本项目是一个极具地域文化特色的STEAM项目。

　　在前阶段，学生经历了养蚕、抽丝活动之后，很自然地就会想道：这样细的蚕丝是怎样织成一匹精美的丝绸的呢？问题来源于真实情境，来自学生的迫切需求。通过对比蚕丝和丝绸中的丝，学生发现丝变粗，引发对粗丝好处的思考。利用简易织布机尝试织布，学生体验学习织布的技艺，引发对织布技艺、改进织布机等的思考。像古人一样，学生尝试从植物中提取染液给纺织物上色，引发对色彩、图案的思考。项目推进环环相扣，使科学、技术、工程、数学和艺术和谐相融。

——湖州市安吉县教育科学研究中心　袁和林

丝绵奥秘

湖州市织里镇晟舍小学　陆迎亚

一、项目设计

（一）项目介绍

本项目是"丝路"之旅项目中的一个子项目，适用于小学四至六年级。该项目以生活中常见的丝绵被为主题，以探究丝绵被的制作过程和特点为主要目的，分为四个阶段进行。该项目引导学生通过观察、思考、尝试、改进等过程一步步体验蚕丝文化不一样的魅力，并在实践中提升学生的思维能力和动手能力。

（二）学习目标

1. 科学（S）

（1）学会用对比的方法设计相关实验，探究丝绵的性质。

（2）学会根据自己的实验设计进行实验。

2. 技术（T）

（1）通过体验了解丝绵被的变化，初步掌握拉丝绵的技巧。

（2）学会对比实验研究的方法。

3. 工程（E）

（1）会根据经验设计相关方案并按方案进行实验操作。

（2）会从工程的角度比较选择最佳方案。

4. 数学（M）

培养学生数据处理的能力。

5. 艺术（A）

（1）培养学生绘制图表解决问题的习惯。

（2）学会美化设计及模型。

课标链接：知道设计包括一系列步骤，完成一项工程设计需要分工与合作，需要考虑很多因素。了解科学技术推动着人类社会的发展和文明进程。

（三）教学准备

1. 材料准备

材料：实验记录纸、设计记录纸、鉴定报告书、实验设计单、蚕茧、丝绵兜、腈纶棉、普通棉花、PP棉等。

工具：烧杯、水、三脚架、酒精灯、石棉网、软尺、电子秤、温度计、方形重物等。

2. 安全教育

（1）教师向学生强调温度计使用过程中的注意点以及使用热水进行实验时要注意安全。

（2）在体验过程中，如遇到伤害要及时告诉教师。

（四）课时安排

本STEAM项目学习一共分为4课时，具体课时安排如下：

第一课时：60分钟（提出问题、技能准备1）

第二课时：60分钟（技能准备2）

第三课时：80分钟（完成任务一和任务二）

第四课时：60分钟（展示评价、拓展提升）

二、项目流程

本STEAM项目实施过程主要分为以下五个部分，每个部分都有对应的课时，具体实施过程分述如下：

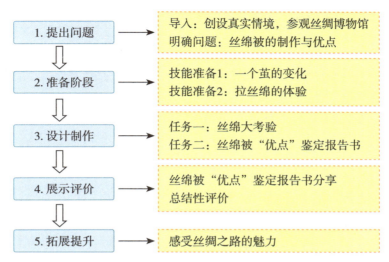

图21　STEAM项目实施流程图

三、项目实施

（一）提出问题（15分钟）

1. 导入

情境1：在丝绸博物馆里我们领略了蚕丝文化，看到了很多由蚕丝制作的物品。除了丝绸，我们还看到了一样熟悉的东西——丝绵被。那么，丝绵被是怎么制作的呢？

情境2：妈妈总是说丝绵被有很多优点，非要让我盖丝绵被，我问妈妈，丝绵被到底哪里好？她说丝绵被保暖性好、透气性好、轻巧、柔软、不会起坨……丝绵被真的那么好吗？

2. 明确问题

蚕茧那么小怎么会变成绵芯？蚕茧有点硬，怎么会变软？一条绵芯大概需要多少蚕茧？做一条绵芯要多久？丝绵被真的有那么多优点吗？明确接下来的任务：制作丝绵被与确定丝绵被的优点。

3. 评价标准

帮助学生明确接下来任务的评价标准，学生在执行项目过程中能够以此为导向来审视自己组的项目。评价标准如下：

（1）小被芯的成品。小组制作的小被芯规格不小于50厘米×50厘米，丝绵被芯各个部位的薄厚应当差不多。

（2）丝绵被的"优点"。通过设计并完成实验，有足够的证据证明小组选择的"优点"是否真的是优点。

（二）准备阶段（105分钟）

技能准备

（1）一个蚕茧的变化，引导学生观察蚕茧和绵兜。

思考：蚕茧怎样才能变成小绵兜？并初步自我尝试。

意图：在观察过程中引发学生思考绵兜的制作过程，并通过不断自我改进的方法与尝试来体验劳动人民对蚕茧开发的历程。

任务：学习从蚕茧到绵兜的变化过程，并制作一个小绵兜。

① 烘干：蛹在蚕茧中慢慢地会蜕变成蛾，会破坏掉蚕茧，这会影响蚕丝的品质和后期加工，一般采用烘干的方法来防止蚕茧变蛾或变质，以确保制成的丝绵被用的是最优质的蚕丝。

图22　烘干的蚕茧

② 煮茧：将烘干的蚕茧放入水中煮透，一般水沸后煮15～40分钟即可。可适当地放点碱，这是为了使原来结构紧密的蚕茧变得疏松，便于缫丝。缫丝以后用清水彻底洗净，这是几百年以来一直沿用至今的工艺，是绿色安全的，所以不用担心制作丝绵被的蚕丝会影响健康。

图23 煮茧

③ 剥茧：将煮好的蚕茧放入装满清水的大盆中，用手撕开蚕茧，取出蚕蛹，将蚕茧撕成一个小帽形状的茧帽。把茧帽套在半圆形的竹弓上撑开，也可以直接套在手上，将几个茧帽套上去后，就形成一个较大的丝兜，这个丝兜就是用来加工丝绵被的丝绵。

图24 剥茧

④晾干：将做好的丝兜甩干后，晾于阴凉通风的地方，干透后，就是制作丝绵被的原材料了。

图25 晾干

（2）拉丝绵的体验

任务：小绵兜变大。

学生做好小绵兜后再观察丝绵被芯，发现还是有不同，被芯更大，空隙也很大，很蓬松，而小绵兜似乎没有达到这些标准。

提问：那么，绵兜还要通过哪些方法才能变成被芯呢？

学生可以很容易地说出把绵兜拉伸。学生动手体验，并记录自己在操作过程中遇到的问题，以及想到的解决方法。

意图：学生通过拉丝绵感受丝绵的拉伸性能，同时发现拉丝绵的不容易，尝试改变自己的拉伸方法从而不断改进自己的成果，思考单人操作与小组合作之间的差别。

任务：拉丝绵并制作一条小被芯。（要求：被芯规格不小于50厘米×50厘米）

拉丝绵：四人合作将晾干的丝兜拉长，根据被芯的要求规格，慢慢拉成一张大小合适的丝网；然后把拉开的丝网一层一层叠加在一起，直到达到要求的丝绵被重量，就制成了一床裸丝绵被。在整个加工过程中，要求单张丝网拉撑和叠加时厚薄均匀。这个环节最讲究手艺和用心，直接决定了丝绵被是否均匀蓬松、舒适透气。

图26　拉丝绵

意图：能够在小组合作过程中收获成果。

（三）设计制作（80分钟）

任务一：丝绵大考验

1. 出示任务

学生根据自己的疑惑，选择一个"优点"来进行研究，看看它是否真的是丝绵被的优点。

材料提供（自选）：相同重量的丝绵芯、腈纶棉、普通棉芯、PP棉等被芯材料，温度计、烧杯、计时钟表、软尺、直尺、电子秤、方形重物、热水、冷水……

2. 设计：丝绵被"优点"鉴定

（1）设计实验方案（请自己设计数据记录单）

> **丝绵被"优点"实验设计单**
>
> 我们研究的"优点"：
>
> 我们选择的材料：
>
> 我们的步骤及过程：

初步设计之后学生交流各自的方案，并通过提问、解答、意见交流等方式改进自己小组的实验设计。

意图：通过实验设计了解学生关于对比实验的设计能力，同时可以看出学生对哪个"优点"最感兴趣。在互相交流的过程中改进自己的方案是一个思考、接纳的过程。

（2）丝绵的"优点"实验

根据小组设计的实验步骤进行实验，得出结论。

任务二：丝绵被"优点"鉴定报告书

小组根据自己研究的丝绵被"优点"结果，完成自己小组的丝绵被"优点"鉴定报告书。

（1）设计具有小组特色的鉴定报告书。

表4　丝绵被"优点"鉴定报告书

委托鉴定小组	
鉴定的"优点"名称	
检验方法	
使用工具	
鉴定结果	
鉴定日期	
鉴定人员签名	

（2）完成小组的鉴定报告书，并为汇报交流做准备。

（四）展示评价（40分钟）

成果发布会：用事实说话，真实的丝绵。

学生根据自己的实验结果，确定丝绵被的优点，将自己小组的实验设计单和丝绵被"优点"鉴定报告呈现出来，并以成果发布会的形式向所有小组展示自己的发现，也可以分享自己新的疑问。

表5　STEAM学习评价表

评价要素：学习成果										
主要指标		☆	☆☆	☆☆☆	第一组	第二组	第三组	第四组	第五组	第六组
小被芯成品	大小	小于40厘米×40厘米	40厘米×40厘米至50厘米×50厘米	大于50厘米×50厘米						
	薄厚均匀程度	薄厚差异明显，有明显大块张绵兜	薄厚较均匀，手感适中	薄厚均匀，手感较蓬松						
丝绵被的"优点"	优点选择	与大部分小组选择相同	与小部分小组选择相同	选择个性，几乎没有小组选择						
	实验数据	数据记录无表格、无规划	数据记录有表格，但不够完整	数据记录完整，有清晰的数据记录表						

续 表

评价要素：学习成果					第一组	第二组	第三组	第四组	第五组	第六组
主要指标		☆	☆☆	☆☆☆						
丝绵被的"优点"	结论说服力	结论无说服力	结论说服力勉强	结论与数据相同，有明显说服力						
	鉴定报告完整性	鉴定报告不完整	鉴定报告基本完整	鉴定报告完整并有创新点						

（五）拓展提升（20分钟）

感受丝绸之路的魅力。

丝绸之路，简称"丝路"，一般指陆上丝绸之路，广义上讲又分为陆上丝绸之路和海上丝绸之路。

陆上丝绸之路起源于西汉（公元前202年—公元8年），是指汉武帝派张骞出使西域开辟的以首都长安（今西安）为起点，经甘肃、新疆，到中亚、西亚，并连接地中海各国的陆上通道。它的最初作用是运输中国古代出产的丝绸。1877年，德国地质地理学家李希霍芬在其著作《中国》一书中，把"从公元前114年至公元127年间，中国与中亚、中国与印度间以丝绸贸易为媒介的这条西域交通道路"命名为"丝绸之路"，这一名词很快被学术界和大众所接受，并正式运用。

海上丝绸之路是古代中国与外国交通贸易和文化交往的海上通道，该路主要以南海为中心，所以又称南海丝绸之路。海上丝绸之路形成于秦汉时期，发展于三国至隋朝时期，繁荣于唐宋时期，转变于明清时期，是已知的最为古老的海上航线。

四、体会感悟

这个STEAM活动是为了让学生体验流传下来的特色文化而进行的。随着科技的进步，丝绵制作作为传统手工艺，也在不断地向机械化发展。慢慢地，这些传统手工艺也就逐渐没落了。为了让学生不单单能在图片上看到这些，于是便有了我们从茧到绵兜，再从绵兜到丝绵的过程体验。在事先不告诉学生怎么做的前提下，让学生自己去摸索如何制作，其实是对学生能力的一种考验。学生在学习科学这门课后能够掌握一定的观察、思考、探究的技巧，并在活动中进行运用，这有助于提升学生的科学素养。同时，不断失败和改进方案的过程也是让学生体验古代劳动人民的探索历程。

丝绵大考验的任务，实际上是对学生思维能力的培养。教师应鼓励学生思考，大胆提问，并对提出的问题进行解决。这是一次完整的科学探究，通过这样一个探究活动，既让学生亲身体验了乡土非物质文化遗产的魅力，又使学生在活动中增加知识，快乐成长，提高能力。

专家点评

"丝绵奥秘"项目以生活中常见的丝绵被为主题，引领学生探究丝绵被的制作过程和特点。问题情境真实，与生活紧密相连，易于激发学生的探究兴趣。在项目实施过程中，所使用的蚕茧、丝绵兜、腈纶棉、普通棉花、PP棉等材料都来自日常生活，用真实的材料研究真实的生活，是一个缩小版的、精致的社会发展再体验。本项目具有实施的意义和价值。

从小小的一枚蚕茧到一条丝绵被，这中间发生了哪些有趣的变化，是许多学生心头的疑虑。项目引领学生经历了从蚕茧到丝绵被的制作过程，从引导学生观察蚕茧和绵兜，尝试将蚕茧制作成绵兜，再拉大绵兜做成小被芯，层层推进，结构清晰。学生在实践中提升了思维能力和动手能力，体验到了蚕丝文化独特的魅力。

——湖州市安吉县教育科学研究中心　袁和林

下 篇

学科项目

第一章　工程与信息

会飞的灯

湖州市龙泉小学　沈旭东

一、项目设计

（一）项目介绍

本项目是基于空气浮力原理而设计的，适用于小学六年级。孔明灯在古代用于传递军事、求救等信息，人们还利用放飞孔明灯来寄托美好的愿望。在本项目中，学生可以设计孔明灯的形状、结构，制作与实践，分析影响孔明灯升空的各种因素，选用合适的材料，改进设计和制作，测试和不断改进孔明灯。整个项目按照学生的认知水平设计探究活动，培养学生的探究习惯和解决问题的能力，有利于学生综合素养的提升。

（二）学习目标

1. 科学（S）

（1）孔明灯升空是利用空气浮力原理。

（2）了解灯罩、燃料台、燃料架及部分连接部件。

（3）了解孔明灯产生的浮力大小与哪些因素有关及升空的过程。

2. 技术（T）

（1）学会设计实验，研究影响孔明灯升空的因素。

（2）掌握孔明灯的制作方法与技巧，掌握绘制方法。

3. 工程（E）

（1）学会按照设计图完成制作。

（2）制作、不断改进、修正、优化孔明灯。

4. 数学（M）

（1）学会准确标注设计图中各部分的尺寸。

（2）学会比较分析图表并记录实验数据。

5. 艺术（A）

学会美化设计孔明灯。

课标链接：冷空气受热，体积膨胀，重量不变，同体积的热空气比同体积的冷空气轻；当物体受到的浮力大于自身重力将上浮。

（三）教学准备

1. 材料准备

材料：双面胶、乳胶水、透明胶带、阻燃纸、塑料桌布、宣纸、普通白纸、棉纸、牛皮纸、拷贝纸、小竹片（50厘米以上）、棉线、细铁丝、细铝丝、燃料。

工具：直尺、圆规、美工刀、老虎钳、弹簧测力计、剪刀。

2. 安全教育

小心使用美工刀、剪刀等工具，注意安全，以防划伤手指。在指定的场地测试。

（四）课时安排

本项目建议安排320分钟，具体课时安排如下：

第一课时：40分钟。（认识孔明灯，了解空气）

第二、三课时：80分钟。（探究灯罩的形状对升空的影响）

第四课时：40分钟。（探究框架材料及燃料对升空的影响）

第五、六课时：80分钟。（任务一：设计与制作孔明灯）

第七课时：40分钟。（任务二：设计与制作携带重物的孔明灯）

第八课时：40分钟。（测试交流与评价、拓展）

二、项目流程

本项目实施过程主要分为以下五个部分，具体实施过程如下：

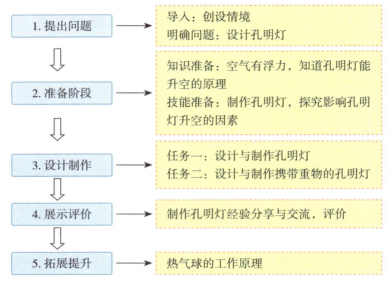

图1　STEAM项目实施流程图

三、项目实施

（一）提出问题（20分钟）

1. 导入

观看孔明灯升空的视频，认识孔明灯。孔明灯相传是三国时期的诸葛孔明发明的，主要用于军事、求救等信息的传递。当时没有现代的通信技术和设备，信息只能依靠人的传递来完成，能借助升空的孔明灯来进行军事等联络，在当时已经很了不起了。那么，孔明灯是如何完成飞行任务的呢？

2. 提出任务

本次活动是学习孔明灯的制作工序和连接工艺。学生以小组为单位选取合适的材料，设计并制作孔明灯。

3. 评价标准

明确孔明灯项目的评价标准：孔明灯升空且飞行平稳，能携带一定重量的物体，飞行时间长；孔明灯的制作成本低，性价比高。

（二）准备阶段（140分钟）

1. 知识准备：认识孔明灯的结构和空气有浮力

提问：同学们知道孔明灯吗？孔明灯的结构是怎样的？

思考：孔明灯为什么能升空？

讨论：空气能否产生浮力，如何证明（由于此问题的对比实验研究难度较大，需要通过学生阅读资料，教师实验演示，才能使学生明白空气可以产生浮力）。

意图：物体在空气中都会受到浮力，只是浮力很小，我们平时感受不到，实验能让学生观察到空气对物体产生的浮力。

思考：为什么空气中的物体都受到浮力却不上浮？

提问：我们是如何让孔明灯升空的？

讨论：为什么孔明灯只有在点燃后才能升空？这里有什么奥秘呢？

小结：孔明灯升空的原理是空气密度的变化。灯底燃料燃烧使灯内空气温度升高，空气受热，体积膨胀，密度减小，孔明灯受到的浮力增加。当浮力大于重力时，孔明灯就飞起来了。

2. 技能准备

技能准备一：灯罩形状对孔明灯升空的影响

提问：如何设计并制作孔明灯？孔明灯灯罩的形状有哪些，这些形状有什么相同点呢？

轴对称概念：一个图形如果沿某条直线对折，对折后折痕两边的部分是完全重合的，我们称这样的图形为轴对称图形。

意图：学生设计图纸制作。

设计要求：设计图、灯罩及燃料架材料、简单的制作过程、尺寸标注。

学生根据图纸制作孔明灯，要求制作的孔明灯与图纸相吻合。

提问：不同的形状会影响孔明灯的升空效果吗？讨论哪种形状的孔明灯升空效果更好，尝试阐明原因。

小组合作：学生按自己的要求选择材料制作孔明灯。教师在制作前提示所遇到的一些困难，指导学生灯罩定样形、裁剪、底部框架制作、燃料台制作及连接的方法。下图方法可供参考。

制作底部框架

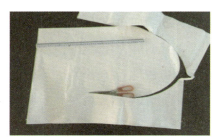
裁　剪

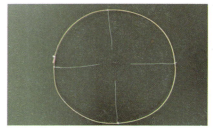
燃料台安装

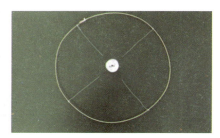
燃料架连接

框架与灯罩连接

图2　制作孔明灯

技能准备二：灯罩材料对孔明灯升空的影响

提问：哪些材料可以制作灯罩（框架、灯罩），有什么选择标准吗？

讨论：重量轻、造价低廉、结实。

纸张的选择：介绍各种纸的特性，选择需要的纸张。

牛皮纸：比较厚，强度很高，不易破。

拷贝纸：细腻、平整、光滑、均匀且有透明度。

纤维棉纸：比较轻，吸湿性和透气性好，柔软而保暖。

宣纸：耐久耐老化，柔软，易吸水，不挺括，易破。

A3纸：纸质密，吸水能力一般，挺括，不易破。

阻燃纸：具有不燃烧或难燃烧性能的一类纸的总称。耐热性强，拉力强，阻燃性能强。

塑料布：比较轻，但是容易被点燃。

燃料台架材料的选择：测试三种材料的重量与易燃程度。

表1　测试材料表

材料	重　量	是否易燃
细铁丝		
细铝丝		
竹条（厚度0.5厘米）		

小结：合理选择材料。（一般认为：棉纸轻，好飞，但不阻燃，易着火；阻燃纸不易着火，但存放时间久了会返潮；拷贝纸制作方便，平整美观；竹条轻，易燃；铁丝较重，不易燃）

技能准备三：燃料对孔明灯升空的影响

提问：哪些燃料可以作为孔明灯的燃料？我们应如何选择最佳的燃料？

测试：同重量的不同燃料，哪种产生的热量多，燃烧的时间长？

测试方法：加热100毫升的水，比较不同燃烧时间的水温变化（温度计测量）。

表2　不同燃料加热100毫升水在不同燃烧时间的温度变化记录表

燃烧时间	燃料			
	酒精棉球	固体石蜡	固体酒精	蜡烛
2分钟				
4分钟				
6分钟				
8分钟				

续　表

燃烧时间	燃料			
	酒精棉球	固体石蜡	固体酒精	蜡烛
10分钟				
……				

意图：通过实验，让学生了解各种燃料的效果，让他们根据自己的设计选择合适的燃料。

（三）设计制作（120分钟）

任务一：设计及制作孔明灯

1. 提出设计方案

提问：我们对影响孔明灯升空的因素进行了研究与分析，了解了灯罩的形状、材料及燃料的特点，那么如何制作一盏升空效果好的孔明灯呢？

小组合作：综合考虑材料的价格、优缺点等方面，完成设计方案。

设计要求：设计图要尽量详细，要绘制不同侧面的图（仰视图、平视图、俯视图），各部分的材料、尺寸等都要写明白。

2. 选择合适的材料

考虑材料的性能及成本，组内商议决定所用材料。

表3　材料的性能及成本表

材　料	单　价	材　料	单　价
双面胶	1元	蜡烛	5角
透明胶带	5角	酒精棉球	5角
乳胶水	5角	宣纸	1元
棉线	1角	纤维棉纸	1元
小竹片（长度50厘米以上）	5角	A3纸	2角
细铁丝	1元	拷贝纸	1元
细铝丝	3元	牛皮纸	8角
固体酒精	1元	阻燃纸	8角
固体石蜡	1元	塑料布	5角

3. 建立模型：制作孔明灯

小组合作：根据图纸设计方案和选取的材料制作孔明灯。

教师要关注学生的制作过程，对学生在制作过程中出现的问题进行适当指导。

4. 测试模型：孔明灯升空测试

提问：我们如何来判断孔明灯升空的效果？

意图：让学生判断孔明灯升空的效果，从孔明灯升空后的飞行状态、升空速度快慢、升空的时间长短来进行比较。

测试中孔明灯被点燃后能迅速上升，飞行平稳，在空中停留的时间长，这样的孔明灯性能好。

测试：测试场地为操场，小组先自行测试三次，记录孔明灯在空中停留的时间和飞行状态。

交流：每个小组分别展示孔明灯升空，让其他小组的成员对其飞行效果进行评价，相互提出合理的建议。

5. 发现问题，改进制作

提问：在升空的过程中，孔明灯飞行不够平稳，升空时间短，有办法解决这些问题吗？

意图：灯罩形状、燃料台的位置、燃料的重量等因素都影响飞行效果，让学生寻找最佳的解决方案。

任务二：设计制作携带重物的孔明灯

1. 改进方案

提问：上节课制作的孔明灯能平稳升空，如果要让孔明灯携带一定的重物升空，我们的孔明灯应如何进行改进呢？

意图：让学生设计并制作能携带重物升空的孔明灯，这比只能升空的孔明灯更具有挑战性。学生不仅要考虑加载重物的位置是否合理，采用何种方式放置物体，还要考虑孔明灯的飞行状态和飞行时间。

小组合作：同组人员分工要明确，发挥他们的特长，能高效地完成制作过程；同时要考虑材料成本，避免浪费；结合工程结构和浮力原理，设计有利于孔明灯载重的方案。

2. 改进模型

学生根据改进的方案和选取的材料，制作载物装置。教师要关注学生的制作过程，对学生在制作过程中出现的问题进行适当指导。

3. 测试模型：携带重物升空

教师组织学生到操场进行测试。每组按照要求进行三次测试，记录测试结果。

要求：学生在测试过程中，要记录每次测试携带的物体的重量，用弹簧测力计测量，同时记录飞行的时间，每次测试后根据孔明灯的升空状况和飞行时间，决定增减携带的重物。

（四）展示评价（30分钟）

作品交流展：各小组展示自己制作的孔明灯，并从飞行性能（飞行平稳性、携带重量、飞行时间）、成本等方面评价自己的作品。小组间相互评价，教师对每个小组进行评价。

表4　STEAM学习评价表

评价要素：学习成果				第一组	第二组	第三组	第四组	第五组	第六组
主要指标	☆	☆☆	☆☆☆						
升空平稳性	升空不平稳	升空较平稳	升空平稳						
升空速度	升空速度慢	升空速度较快	升空速度快						
携带重物	不能携带重物	携带较少的重物	携带较多的重物						
飞行时间	升空飞行时间短	升空飞行时间较长	升空飞行时间长						
成本情况	成本高，性价比低	成本合适，性价比低	成本合适，性价比高						

（五）拓展提升（10分钟）

随着对孔明灯的进一步认识，利用空气浮力原理，人们设计发明了能携带人们进入天空的飞行器——热气球。

热气球能控制飞行的高度，能掌握飞行的方向，能携带更多的物资，能确保人们在天空飞翔的安全性。

相信你对热气球会有更多的了解，你认为哪些科学技术可以应用到热气球的研究中呢？请写一份热气球的设计方案。

四、体会感悟

本项目实施前动手做一做，试一试，孔明灯飞起来了；写一写，想一想，改一改，完成孔明灯项目的编写；在实施中，学生尝试失败与成功，摸索前行，峰回路转，最终获得成功；在实施后，静心思考，项目真的可以这样设计和实施——跨越学科界限、多学科融合、多维度学习。

设计一款能携带一定重物的孔明灯，让学生经历设计方案、选材制作测试、修改方案制作、改进测试、展示评价等过程。在学生设计的方案中，学生把灯罩及灯架设计成各种形状：有正方体、圆柱体、球体、椭球体等，给学生开放的空间，能看到他们活跃的思维。学生通过交流汇报自己小组的设计思路和设计理念，其他小组提出各种不同的问题和建议，有利于培养思维拓展能力和质疑精神。同伴的质疑能促使他们在设计过程中不断完善，有利于培养他们的团队合作意识。

在制作过程中，学生原以为按照设计进行制作是一件很容易的事，但要做出一件成品，单凭好的设计方案是不行的。当学生体验到制作的困难，如灯罩怎么定样形和裁剪，才能围合成灯罩原先设计的形状，怎样使灯罩底部和框架直径的大小吻合，如何连接底部框架和燃料架等。学生发现每个细节、每步制作都非常关键，这不仅考验了学生的动手和动脑能力，还体现了他们的团队合作能力。

在测试过程中，通过第一次测试，他们都发现孔明灯存在较多的问题，进而体会到孔明灯背后蕴含着诸多的科学原理、数学知识、技术和工程原理，如孔明灯的大小和携带重物之间的数据关系，燃料重量和孔明灯升空的关系，等等。他们会根据需要进行改进，不断完善孔明灯。这有利于培养他们分析问题和解决问题的能力。

　　通过整个项目的实施，学生收获的不仅仅是知识，更多的是科学探究和工程创新的过程和方法。通过各学科知识和技能的整合，学生零散的知识会相互联系成一个整体。通过STEAM项目的教学，学生解决问题的能力、合作沟通的能力、创新能力得到综合锻炼，综合素养得到提升。

专家点评

　　孔明灯是古代人用于联络的工具，现代人放孔明灯多为祈福。这样一个充满童趣的项目，能让学生们在活动中体验学习的快乐，激发学习的兴趣。

　　该项目基于空气的浮力原理设计而成，学生从认识孔明灯到各阶段的准备工作，再不断地设计与改进孔明灯，最后通过展示与拓展来完成整个项目的学习。在准备阶段，该项目不仅考虑了知识的储备，还考虑到技能的准备，通过对四个问题的分解，既降低了难度，又锻炼了学生的动手能力。在设计与制作阶段，该项目通过设计、制作、测试、反馈、改进、再测试等环节，从而完成相关知识的渗透。工程的关键是设计，设计是完成该项目的最重要的环节。整个项目活动比较贴近小学高年级学生的学习能力，具有一定的挑战性，实现了学生的合作性学习、深层次学习和理解性学习，提升了学生多方面的综合素养。

——杭州市大江东区教研室　杨君

结构力士

湖州市织里实验小学教育集团　陈芳芳

一、项目设计

（一）项目介绍

本项目名称为"结构力士"，适用于小学五、六年级，共有4个课时。本项目的主要活动是搭建承重能力很强的结构，可以培养小学生根据实际情况进行创新设计的能力。

（二）学习目标

1. 科学（S）

（1）认识基本的承重结构，并通过搭建、对比实验等活动，理解基本结构力学原理。

（2）学会有主题地收集信息，分析整理信息。

（3）学会用对比实验的方法检测基本承重结构。

2. 技术（T）

（1）通过调查，了解承重结构就在身边，技术无处不在。

（2）通过轻木易断与结构力敌千钧的对比，认同技术的作用很强大。

3. 工程（E）

（1）设计和搭建组合的承重结构，初步建构学生的工程思维，加强学生的合作意识。

（2）在测试过程中学会观察、收集信息，以便进行下一步的反思，从而提升学生的工程思维能力。

4. 数学（M）

（1）在制作过程中，计算好每根轻木的长度，做到对应的轻木距离相等；计算好对角线的大致长度，能够让对角线起到"推"和"拉"的作用。

（2）在规定的重量范围内，搭建承重能力很强的结构。

（3）在搭建过程中会预算成本和效果。

5. 艺术（A）

能够兼顾结构的平衡与美感。

课标链接：工程的关键是设计。工程是运用科学和技术进行设计，以解决实际问题和制造产品的活动。

（三）教学准备

1. 材料准备

材料：轻木、热熔胶。

工具：美工刀、电子挂磅秤、热熔胶枪、直尺。

说明：热熔胶枪需要使用插电的，因为在天气冷的情况下，带电池的胶枪几乎无法预热，给使用带来许多不便。由于轻木结构比较疏松，类似502胶水的液体胶水不可替代热熔胶，因为液体胶水会被轻木吸收，达不到黏合的作用。

2. 安全教育

在使用状态下，胶枪的头比较热，提醒学生将胶枪架起来，身体各部分都不能碰触胶枪头；美工刀使用时要小心手指，用完后就将刀头收进壳里，使用过程中不可将刀头指向自己或者同学。

（四）课时安排

课时建议：4课时。

第一课时：40分钟。（提出问题、知识准备1）

第二课时：40分钟。（技能准备、知识准备2）

第三课时：80分钟。（图纸设计、搭建）

第四课时：80分钟。（展示评价、反思再设计）

说明：在搭建活动中，由于学生的搭建框架复杂程度不一，可能需要多加一课时，教师可视学生情况来确定。

二、项目流程

本项目实施过程主要分为以下四个部分，具体实施过程如下：

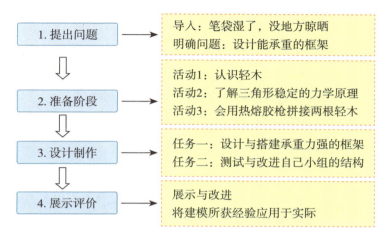

图3　STEAM项目实施流程图

三、项目实施

（一）问题情境（40分钟）

　　刚读1年级的小朋友，写字的时候喝水，不小心把水打翻了，笔袋湿了，打开笔袋，里面的铅笔也都湿了。称了一下，笔袋有300克那么重呢！正好这几天一直下雨，晾在家里阳台上的衣服都没干，衣架也用完了。怎么办？怎样才能把笔袋晾干呢？

图4　笔袋

1. 导入

（1）学生指出解决问题的办法：搭建一个可以承重的架子。

（2）用自己课前的调查来说明。

调查中，所有小组展示的架子基本图形是什么？什么样的结构通气，可让笔袋全方位蒸发水分？什么样的结构承重力强？

2. 提出任务

制作自己的"结构力士"。

3. 评价标准

技术性指标：两根轻木之间拼接无缝，并可以相互支撑，整个结构具有稳定性，如方形结构对边相等。

经济性指标：可以用了多少克轻木来表示成本。

承载力指标：用模拟实验测得承载钩码的重量表示承载力。

美观性指标：是否有装饰或者特别美的结构，还包括是否实用。

（二）准备阶段（60分钟）

1. 知识准备

（1）轻木，掂一掂，感受到材质很轻。一折，发现不用很大力就断了。所以易断是它的最大缺点。

（2）三角形具有稳定性。

① 观察三角形和四边形受力时有什么不同？并试着分析原因。

图5　三角形受力图　　　　　图6　四边形受力图

② 改进四边形。

图7　改进后的四边形受力图

增加斜杆的作用是什么？（建议用大框架让学生亲身体验）

③看一看自己的调查，大型结构的基本图形都是什么？

（3）承重效果好的结构：从调查中可以发现，立柱粗的结构承重力更好，横梁厚一点的结构承重力也会更好，等等。

2. 技能准备

（1）使用热熔胶枪（微课视频）

使用方法：先打开支架，架起胶枪，再把胶棒插到底，然后打开开关预热5～10分钟即可使用。

注意点：在使用过程中若暂时不用热熔胶枪，要用支架架起。使用完毕，要及时关闭电源。使用完毕后，胶棒不可强行取出，留在胶枪内，下次还可以再使用。

（2）轻木拼接

①学生自主拼接。

图8 学生拼接轻木

②从力学角度分析这几种拼接方法的承重效果。

（3）使用电子挂磅秤（微课视频）

使用方法：先打开开关，调节单位到"克"，再提起提环，把重物挂到挂钩上，听到"嘀"的一声，就可以读数了。

（三）设计制作（80分钟）

任务一：设计制作"结构力士"

出示制作需要用到的材料和工具（含微课）、评价标准。

设计意图： 微课给予学生技术指导。工具出示中，学生对于尺子的出现可能感到奇怪，在认知冲突中，学生知道测量在工程制作中很重要。

（1）材料准备：每组B3纸一张，记号笔每人一支。

设计意图： 采用B3大纸来画设计图，主要是为了便于展示和交流。每人一支记号笔，这意味着人人要参与思考，可以将自己的想法写在草稿纸上，供团队参考。

（2）设计要求：画出一个立体结构。（不会画立体图形的同学，可以画俯视图、侧视图和正视图），并指明自己融入的科学原理。

设计意图： 设计需要有根据——科学原理，所以科学原理一定要指明，这是学生思维发展的体现，即从知道科学原理到运用科学原理。

（3）学生设计。

（4）学生制作。

设计意图： 指向多种方面，并突出制作中的思维呈现。

任务二：自测与改进我们的结构

1. 测试承重力

学生用模拟实验的方法，测试自己小组搭建结构的承载能力。在保证结构不塌的情况下，一个一个地往上面添加钩码，并观察结构中横梁和立柱的支撑情况，是否会出现倾斜、弯曲等现象，一旦出现，需立刻停止添加钩码，并计算出此时结构所承载的重量。

图9　搭建承重结构架

2. 改进"结构力士"

学生根据自测情况改进自己的结构。在测试中"结构力士不甚牺牲"的小组要在图纸上改进。"结构力士"只是有小损伤的小组可以进一步加工。

（四）展示评价（40分钟）

产品交流会：各小组依次上台介绍，而且每个组的每位成员都要上台，每位成员从评价的一个维度来介绍自己制作的产品。

倾听的小组提出自己的想法，可以是夸奖，也可以是质疑。

表5　STEAM学习评价表

主要指标	★	★★	★★★	第一组	第二组	第三组	第四组	第五组	第六组
技术指标	两根轻木拼接无缝	拼接无缝又相互支撑	无缝拼接又相互支撑，且四边形对边相等						
经济指标	使用轻木重量大于20克	使用轻木重量近于20克	使用轻木重量远低于20克						
承重指标	承重低于300克	承重超过300克	承重远远大于300克						
美观指标	外表粗糙	结构美观	结构美观，又能架起笔袋和笔						

将自己手里的星星贴，贴到班级表格里，评出本节课的"结构大力士"。

设计意图：培养学生自我评价、自我反思的习惯，客观对待出现的问题。没有完美，只有更完美。再失败的体验也会有所收获。

（五）拓展提升（20分钟）

想一想曾经在生活中见到过的结构，它们都运用了什么科学原理，为人类的生活提供了什么便利。

设计意图：原理在纸上终觉浅，唯有创新才能让生活更美好。

四、体会感悟

本项目的问题是真实产生的，笔袋湿了是每位学生都可能会遇到的问题。创作是在问题的基础上思考发现规律后进行的，学生在小组活动中，设计、制作、测试、反思、再设计、再制作，在一次次的反思中建构知识，一次次的创作则是对知识的迁移应用和创新。这是一种自主的探究学习活动，看不见多大的波澜，但却发生着天翻地覆的变化。以下照片是学生基于实践经验在不断改进：

（1）按照图纸，根据实际慢慢改进和创作。有时候会发现，想得美，但实践起来可就没那么顺了，还好可以再次改进。

（2）图10这两位同学一开始是一人一个作品的，后来发现两个人的设计是一样的，各自搭建到一半便进行自由合作了，发现效率非常高。

（3）图11这个小女孩比较爱美。原本此次活动已经设计了内容，结果学生在自主搭建时就自由发挥了，这也是实践探究过程中的小创新。接着许多学生就跟着走起了各种创新。这位女生的原话是：在现代生活中，很多物品是靠颜值入眼的，这是一件好的物品必须具备的特点。

图10　自由合作　　　　　　　图11　自由发挥

（4）用尺子进行测量，看看自己测算得准不准，看看应该使用多长的轻木。数学工具的使用并没有很强调，学生在项目活动中就用上了。（如图一）

（5）为了自己的结构框架能够成为"结构力士"，自己先"偷偷"地测上了，看看哪些地方需要再改进。

以上五点都是学生在自由搭建活动中的探究发现，不需要教师太多的指导，学生在项目活动中，自己会反思，会发现，会综合运用。

专家点评

该项目是根据学生在学习过程中发生的问题情境，来设计和制作一个框架，综合运用了科学、技术、工程与数学等领域的认识，可操作性强，符合学生的认知。

该项目把一个相对复杂的项目层层分解，通过认识轻木，知道简单的力学原理，学会使用热熔胶等过程，为完成项目搭建脚手架；再通过设计、制作、测试和不断改进，来完善自己的框架；同时利用多个微课技术，来解决关键问题，帮助学生掌握方法和技能；最后，通过总结性评价，培养学生自我评价与反思的能力。整个项目的学习符合学生的认知规律。学生在活动中会发现问题并自主解决问题，通过自我学习、互相学习、合作学习等方式来完善作品，提高了学习能力，培养了合作意识，促进了思维的发展。

——杭州市大江东区教研室　杨君

智能垃圾清理车

湖州市湖师附小教育集团　沈冬良

一、项目设计

（一）项目介绍

"智能垃圾清理车"是"智能制造"课程中的一个项目，适用于小学五、六年级。该项目以人工智能时代为大背景，以让垃圾清理车智能化为题材，分成五个阶段进行。该项目让学生在学习中能主动地探索、主动地推进项目过程，自觉且有效地进行跨学科的融合与技术的综合运用，培养学生的团队合作意识和工程意识，提高学生解决实际问题的能力和动手能力。

（二）学习目标

1. 科学（S）

（1）知道垃圾清理车有哪些类型和工作原理。

（2）知道智能小车由控制系统、检测装置和执行机构三部分硬件组成。

（3）掌握智能小车传感器原理。

2. 技术（T）

（1）学会对智能小车进行编程。

（2）学会使用美工刀、胶枪、钢角尺等工具。

（3）能对雪弗板进行加工，制作车身。

3. 工程（E）

（1）能按照设计图完成智能垃圾清理车的制作。

（2）学会从工程的角度比较选择最佳方案。

4. 数学（M）

（1）能够利用钢角尺和切割垫切割至合适的距离。

（2）能够核算最佳组合方案。

5. 艺术（A）

（1）能绘制出清晰、直观和美观的设计图，培养学生绘制图表的习惯。

（2）能够美化智能垃圾清理车的外观。

课标链接：工程的关键是设计，工程是运用科学和技术进行设计，以解决实际问题和制造产品的活动。

（三）教学准备

1. 材料准备

材料：雪弗板、速溶胶、智能小车、NOVA小车套件、多种清理装置（小型塑料畚斗、简易吸尘器、粘毛电动刷子）等。

工具：美工刀、切割垫、钢角尺、胶枪等。

2. 安全教育

（1）正确使用美工刀，防止划伤。

（2）正确使用胶枪，防止烫伤。

（四）课时安排

本STEAM项目学习一共分为7课时，具体课时安排如下：

第一课时：40分钟。（提出问题、知识准备）

第二、三、四课时：120分钟。（技能准备）

第五课时：80分钟。（设计制作）

第六课时：40分钟。（测试与改进）

第七课时：40分钟。（展示评价、拓展提升）

二、项目流程

本STEAM项目实施过程主要分为以下五个部分，每个部分都有对应的课时，具体实施过程分述如下：

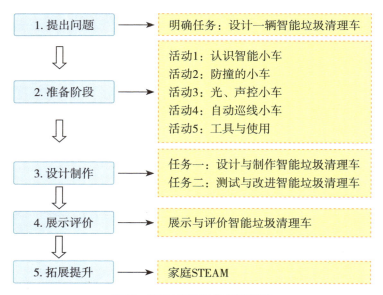

图12 STEAM项目实施流程图

三、项目实施

（一）问题情境（10分钟）

1. 导入：创设真实情境

垃圾清理车是城市环卫工作的好帮手，它的出现让城市的道路清扫实现了机械化。但它需要人工进行操控，而且城市的环卫工作不仅仅是路面，还有很多卫生死角或是具有危险性的区域需要清理。人工智能的时代已经到来，如何让垃圾清理车也实现智能化呢？

2. 提出任务：设计一辆智能垃圾清理车

你们见过扫地机器人吗？你们觉得扫地机器人的哪些方面体现出了智能化？可以从哪些方面让垃圾清理车也变得智能化？如果真的实现了这方面的智能，在实际运用中有什么好处？明确接下来的任务：设计一辆智能垃圾清理车。

3. 评价标准

本项目中对学生设计的智能垃圾清理车模型从以下四方面进行评价：性能、美观、创新思维、成本合适且性价比高。

（二）准备阶段（150分钟）

1. 知识准备

任务：认识智能小车

出示："好好搭搭"智能小车，重点介绍硬件组成——控制系统、检测装置和执行机构。

思考：日常生活中，哪些装置属于智能小车范畴？把智能小车相应的硬件名称记录到下列表格中。

表6　小组讨论记录表

智能小车名称	主要功能	智能小车的硬件		
		控制系统	检测装置	执行机构

讨论：要想让小车动起来，就必须对它进行编程。哪些指令能够让智能小车动起来？怎样让小车快起来？

意图："好好搭搭"智能小车是一款利用"好好搭搭"在线平台编程，使用方便，适宜学生开展活动的智能小车。学生需要了解它的基本构成和使用方法。

2. 技能准备

任务：认识防撞的小车

提问：小车在行驶过程中如果遇到障碍物怎么办？如何让小车具有避开障碍物而不被撞坏的能力呢？

意图：通过探讨问题引出超声波传感器和显示屏，介绍它们的工作原理。

提出任务：先做一个距离探测仪。

明确原理：超声波传感器可以发出超声波，探测前方距离多远有障碍物，超声波传感器探测的距离值怎样才能让我们知道呢？这就需要把数据储存在一个变量里，然后把变量显示在数码管上。

小组合作：完成防撞小车的程序编写、测试。

意图：智能垃圾清理车在实际工作中肯定会遇到障碍物，具备相应的防撞功能是必不可少的，如何实现这一功能，学生需要相应的知识储备。

3. 技能准备

任务：认识光、声控小车

提问：我们能不能通过光线或声音来控制智能小车？

阅读：关于亮度传感器、声音传感器的知识和工作原理。

小组合作：编写相关程序。光线控制智能小车需要不断地检测周围光线的亮度，当亮度小于一定值时，智能小车就动起来了。我们可以让智能小车受到强光照射后就往前走。声控小车只要声音的响度大于一定值，就可以行走一段时间。

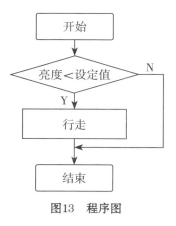

图13　程序图

意图：用光、声音来控制小车是人工智能的一种体现，学生在构思设计智能垃圾清理车时会想到，所以需要这样的知识储备。

4. 技能准备

任务：认识自动巡线小车。

提问：怎样让智能小车自动巡线？

交流：可能会使用的传感器。要让智能小车自动巡线，可以利用双灰度循迹。

图14　轨道图

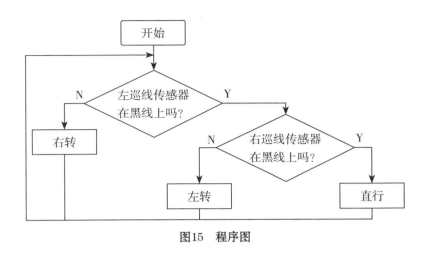

图15　程序图

思考：不使用判断的嵌套，对左右巡线传感器的判断还能用其他控制模块表示吗？你有几种方法？

编程调试：

第一步：调整左右巡线传感器。

第二步：判断左右巡线传感器是否都在黑线上。

第三步：判断左右巡线传感器是否都在白线上。

编写双灰度循迹的完整程序，下载到主板并运行。针对不同情况应做相应调试，或修改个别参数再下载运行程序，观察小车的运行情况。

提问：你能让智能小车按照轨道图的轨迹行进吗？

5. 技能准备

任务：认识工具与使用

NOVA小车套件可以帮助我们实现一定的智能化，可是要设计制作一辆智能垃圾清理车，我们还需要制作一个车身。

提问：你会用什么材料来制作车身？在设计与制作车身时你还会考虑哪些问题？

意图：让学生明白，要设计一辆完整的智能垃圾清理车还要考虑如何选材来制作车身，以及怎么承载各元件和如何在车上安装清理装置，以保证小车能正常工作。

小组活动：用美工刀、胶枪、切割垫、钢角尺等工具对雪弗板进行加工，制作一个长方体。（注意小组分工合作完成）

意图：工具和材料的正确使用和训练能为后面车身的制作进行技能储备，也能提高学生的工程实践能力。

（三）设计制作（120分钟）

任务：设计并制作智能垃圾清理车

1. 提出设计方案

提问：智能垃圾清理车由哪些部分组成？

意图：明确智能垃圾清理车的组成，使学生明确智能垃圾清理车由车身、三大硬件、清理装置组成。

小组合作：综合考虑智能化小车的知识和车身、清理装置材料的价格、优缺点，以及可实现的功能等，提出智能垃圾清理车的设计方案。

表7　材料价格表

材料价格公示（元/单位）			
雪弗板	2	简易吸尘器	5
速溶胶	0.5	粘毛器	5
小型塑料畚斗	2	KT板	1
电动刷子	4	木板	2
双面胶	1	胶带	0.5

交流：学生以小组为单位上台展示设计图，阐述设计理念。其他小组提出问题和提供建议。最后各组根据交流结果，改进设计方案。

2. 初次建模：制作智能垃圾清理车

学生根据自己的图纸制作智能垃圾清理车，并将制作过程中遇到的问题和困难进行记录。

3. 测试智能垃圾清理车

学生对制作完成的智能垃圾清理车进行反复测试与改进，并完成反馈表。

4. 改进智能垃圾清理车

学生根据修改后的设计方案，对智能垃圾清理车做进一步改进与测试，如果性能上成功了，还可以对小车的外观和成本方面做进一步改善，直到完成小组最满意的作品。

（四）展示评价（30分钟）

1. 开展智能垃圾清理车汇报会

请各小组抽签排序，每组5分钟，依次上台介绍并演示自制的智能垃圾清理车，重点讲述设计理念，以及运用前景、团队分工、执行任务时遇到的困难和解决办法。其他同学可以进行提问和质疑。

2. 总结性评价

根据各组的展示情况，学生采取自评和互评的形式从性能、外观、成本、创新思维等方面对智能垃圾清理车的模型进行评价。

表8 STEAM学习评价表

评价要素：学习成果									
主要指标	☆	☆☆	☆☆☆	第一组	第二组	第三组	第四组	第五组	第六组
性能	智能化体现不明显，清理效果不理想	智能化体现一般，能正常工作	智能化体现明显，清理效果良好						
外观	模型设计不太合理，不美观	模型设计比较合理，美观度一般	模型设计合理，美观						
创新思维	缺乏创造力和想象力，没有突破	设计的模型较有想象力	材料的使用方式等极富创造性，并且合理						
成本情况	成本高，性价比低	成本合适，性价比低	成本合适，性价比高						

（五）拓展提升（10分钟）

家庭STEAM：我们设计制作的智能垃圾清理车的智能化主要体现在车上，那么能不能让垃圾清理车的清理装置也变得智能化呢？

四、体会感悟

1. 符合时代气息而具有挑战性的任务驱动

垃圾清理车是我们城市环卫的好帮手，让垃圾清理车变得智能化是一个可预见的、有前景的项目。做一辆智能垃圾清理车，这样有趣又具有挑战性的任务是学生愿意去尝试的。

2. 开放性

学生在具有一定的知识储备后，要像工程师那样开始团队合作，并且对自己的智能小车进行设计。在这个过程中，学生的思维是开放的。垃圾清理车的智能化可以有很多体现，学生要像工程师那样综合考虑可行性、实用性、外观、成本等因素，然后将团队的想法变成图纸和计划。交流汇报环节也是开放的，小工程师们就像是对自己的设计和作品开了一场发布会，听取其他同学的意见和建议。展示与评价环节也是开放的，每个学生都能提出自己的看法，来评价其他组的作品。

专家点评

该项目以学生自主探究和动手操作为核心，综合运用科学、技术、工程、艺术与数学知识，解决生活中的现实问题，可培养学生的合作意识和创新能力。

项目设计从智能和环保的角度出发，为了解决生活的实际问题，提出了设计一辆智能垃圾清理车，明确了学习目标。准备阶段学生认识了智能小车，知道了小车的防撞功能和控制功能，了解了小车的自动巡线和工具的使用，把一个复杂的任务化解为一个个可完成的小目标，为完成这个项目做足了铺垫。制作阶段学生通过设计、建模、测试、改进等环节来完善智能小车，直到做出最满意的作品。最后学生展示自己的作品并相互评价。这是一个符合时代气息而又有实际意义的挑战项目，层层推进，提升了学生的创新思维和解决实际问题的能力。

——杭州市大江东区教研室 杨君

第二章　生活与健康

制作土壤酸碱指示瓶

湖州市湖师附小教育集团　仰振华

一、项目设计

（一）项目介绍

"制作土壤酸碱指示瓶"是利用身边的食品和花草完成土壤酸碱测试而形成的STEAM项目，适用于小学3～5年级。该项目引导学生从实验室走向家庭，引导学生在现实生活中寻找天然酸碱指示剂，不断改进酸碱指示剂，最终形成个性新颖的酸碱指示瓶，解决现实中的问题。在实践中，该项目旨在提高学生的观察能力、动手能力、解决问题能力、系统思考能力等。

（二）学习目标

1. 科学（S）

（1）熟练掌握制作酸碱指示剂的方法。

（2）运用酸碱指示剂测量食品和花草的酸碱性。

（3）认识到土壤的酸碱性会影响花草的生长。

2. 技术（T）

（1）掌握制作酸碱指示剂和酸碱指示瓶的工序。

（2）能利用身边的食品和花草完成天然酸碱指示剂的制作。

3. 工程（E）

能够通过不断实验，优化酸碱指示瓶的制作工序，并在制作过程中针对遇到的问题及时调整制作方法。

4. 数学（M）

（1）设计对比实验的数据表格，并记录实验数据。

（2）能够确定和控制变量，对比数据，综合考虑分析和解释。

5. 艺术（A）

（1）绘制草图，优化酸碱指示瓶的设计。

（2）利用物质的酸碱性，使得指示剂变色而作画，具有独特性。

课标链接：技术发展通常蕴含着一定的科学原理，知道重大的技术和发明会给人类发展带来深远的影响。

（三）教学准备

1. 材料准备

材料：糖、白醋、小苏打、雪碧、矿泉水若干瓶、一次性杯子若干、记录纸、成果报告纸、紫色石蕊试剂、学生准备的植物和食品等。

工具：勺子、滴管、筷子、剪刀等。

2. 安全教育

（1）实验时的糖、雪碧、小苏打等不可食用。

（2）如果反应溶液溅到脸上或者眼睛里，最好立刻用清水冲洗干净。

（3）一些植物和食品需要加热才能发生反应，在煮或蒸东西的时候要有教师指导。

（四）课时安排

"制作土壤酸碱指示瓶"STEAM项目学习一共分为七课时，具体课时安排如下：

第一课时：40分钟。（提出问题、知识准备）

第二课时：40分钟。（技能准备）

第三课时：40分钟。（完成任务一）

第四课时：40分钟。（完成任务二）

第五课时：40分钟。（完成任务三）

第六课时：40分钟。（展示评价）

第七课时：40分钟。（拓展提升）

二、项目流程

该STEAM项目实施过程主要分为以下四个部分，每个部分都有对应的课时，具体实施过程如下：

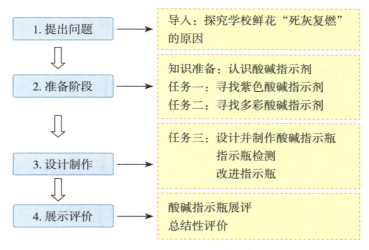

图1　STEAM项目实施流程图

三、项目实施

（一）问题情境（20分钟）

1. 导入：创设真实情境

一场连绵不断的春雨过后，有些地方的夹竹桃、月季花等鲜花莫名其妙地枯萎了，而山茶花、茉莉花等却都健健康康地生长着，并且越开越好。环卫工人在蔫了的花的花坛里撒了一些草木灰或者化肥，没想到这些枯萎的花又重新恢复了生机。为什么会这样呢？

2. 提出任务：测试土壤酸碱性装置

阅读：土壤酸碱性与植物的相关资料。

提问：你觉得鲜花"死灰复燃"的原因有哪些？

意图：对学生的猜测进行归纳后，抛出要解决的问题：设计并制作能测土壤、雨水、草木灰酸碱性的装置。

明确问题：制作一个短时间内能测量土壤、雨水、草木灰酸碱性的装置。

（二）准备阶段（60分钟）

1. 知识准备：认识酸碱指示剂

讨论：桌上依次放五杯无色液体（纯净水、糖水、白醋、雪碧、苏打水），如何判断它们的酸碱性？

提问：能不能通过一种"水中指示灯"来判断呢？

阅读：关于指示剂的资料。

知识库一：

　　酸碱指示剂：300多年前，英国科学家罗伯特·波义耳在化学实验中偶然捕捉到一种奇特的实验现象：把紫色的紫罗兰花瓣放入酸性物质后，紫罗兰会变成红色。于是波义耳再次动手做实验，从石蕊苔藓中提取了紫色浸液，酸能使它变成红色，碱能使它变成蓝色，这就是最早的石蕊试液，波义耳把它称作指示剂。

知识库二：

　　石蕊指示剂：蓝紫色粉末，它是从地衣植物中提取得到的蓝色色素，能部分溶于水而显紫色，是一种常用的指示剂，变色范围是pH=4.5～8.3。如果试液显红色，则说明液体显酸性。如果试液显蓝色，则说明液体显碱性。如果试液显紫色（也就是溶液不变色），则说明液体呈中性。

知识库三：

　　酚酞指示剂（无色）作为一种常用指示剂，广泛应用于酸碱滴定过程中。通常情况下，酚酞遇酸溶液不变色，遇中性溶液也不变色，遇碱溶液变红色。

　　为了使用方便，用一些浸液把纸浸透、烘干制成纸片，使用时只要将小纸片放入被检测的溶液中，纸片上就会发生颜色变化，人们根据颜色变化判断溶液是显酸性还是显碱性。今天，我们使用的石蕊试纸、酚酞试纸都是这样制作的。

　　小组合作：将紫色石蕊试剂滴一滴在这五杯"水"中，观察溶液颜色的变化，并记录下来。

　　交流：交流测试结果。

　　意图：通过实验和交流发现能使紫色紫薯水溶液变红的是酸性物质，能使紫色紫薯水溶液变蓝的是碱性物质，不能使紫色紫薯水溶液变色的是中性物质。

图2　学生实验

2. 技能准备

任务一：寻找紫色酸碱指示剂

　　提出：是不是紫色的植物或者食品都可以做成酸碱指示剂？

　　阅读：用知识库的资料，寻找合适的紫色酸碱指示剂。

知识库四：

　　如果要找天然酸碱指示剂，我来帮助你。在大部分紫色植物的花、果、茎当中都含有一种叫作花青素的水溶性色素，这种色素可以随着细胞液的酸碱度来改变颜色。当细胞液呈酸性时，则偏红；当细胞液呈碱性时，则偏蓝。而酸碱指示剂就是利用这个原理来检测溶液的酸碱性的。一般紫色植物和紫色食品都含有花青素，将植物、食品煮熟或者放入酒精后能提取到花青素。

提问：什么样的紫色植物可以作为指示剂？

意图：通过阅读和探讨，我们发现将紫薯水、紫罗兰花瓣等放入酸性物质和碱性物质后，溶液的颜色都发生了明显的变化，所以紫薯、紫罗兰等可以作为酸碱指示剂。

3. 技能准备

任务二：寻找多彩酸碱指示剂

提问：除了部分紫色植物或者食品可以作为酸碱指示剂，无色的酚酞也可以作为酸碱指示剂，那么其他颜色的植物或者食品可以作为酸碱指示剂吗？

小组合作：采集其他有颜色的植物，取其汁液分别放入白醋（酸）、苏打水（碱）和糖水（中性）中，观察颜色的变化。

交流：交流实验中的发现，得出结论。

意图：通过测试可以得出，紫色植物和食品最适宜作为酸碱指示剂，红色植物和食品次之，黄色植物和食品显色效果相比较较差，不适宜在生活中作为原料制成简易的酸碱指示剂。

（三）设计制作（120分钟）

任务三：设计并制作酸碱指示瓶

1. 设计酸碱指示瓶

提问：接下来我们要制作一个酸碱指示瓶，你想选用什么材料作为指示剂？

讨论：你希望选的指示剂有什么优点？

小组合作：A. 比较了各种各样的天然酸碱指示剂，选出最佳试剂。

表1　天然酸碱指示剂表

最佳酸碱指示剂	（　　）溶液	（　　）溶液	（　　）溶液
成本			
稳定性			
易于获得			
……			

B. 画出可随身携带、随时测量的酸碱指示瓶草图。

2. 制作酸碱指示瓶

小组合作：各组根据草图制作酸碱指示瓶。

3. 指示瓶检测

测试：利用制作的酸碱指示瓶，检测苏打水、白醋、雪碧、糖水等，感知其检测的效果，同时评价其在使用时是否简单方便。

4. 改进指示瓶

检测效果不理想的，可分析原因后，再加以改进。

（四）展示评价（40分钟）

1. 酸碱指示瓶展评

教师事先为学生准备土壤浸出液、雨水、草木灰溶液，分发给每一组，各组分别用自己组的酸碱指示剂检测其酸碱性，然后在班级进行展示和交流。

图3　各类溶液检测图

2. 总结性评价

各小组依次展示自己小组的酸碱指示瓶和土壤酸碱测试结果，并从成本情况、稳定性、易于获得、携带方便、美观程度等方面评价自己小组的土壤酸碱指示瓶。先组内评价，再进行组与组之间互评，最后教师对各组进行测评。

表2　STEAM学习评价表

评价要素：学习成果					
主要指标	☆	☆☆	☆☆☆	组内评价	组间互评	教师测评
成本情况	成本高，性价比低	成本合适，性价比低	成本合适，性价比高			
稳定性	不够稳定、酸碱性不明显	较稳定、酸碱性较明显	稳定、酸碱性明显			
易于获得	酸碱溶液不易获得	酸碱溶液较易获得	酸碱溶液易获得			
携带方便	指示瓶携带不方便，不能随时测量	指示瓶携带较方便，有时可以测量	指示瓶携带方便，可以随时测量			
美观程度	指示瓶造型不够美观	指示瓶造型较美观	指示瓶造型美观、新颖			
……						

（五）拓展提升（40分钟）

利用酸碱指示瓶和各种溶液创作一幅多彩的画！

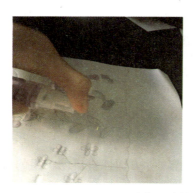

图4　溶液创作的多彩画

在白纸上用铅笔勾线后利用酸碱指示剂的变色原理，将白纸上花的部分涂上酸性物质（如柠檬汁），叶子的部分涂上碱性物质（如苏打水）。等纸干后，滴或喷上酸碱指示瓶的溶液，你的大作就完成啦！

意图：利用酸碱指示瓶中的溶液让学生创作个性、多彩的画，具有艺术性、独特性。

四、体会感悟

"制作土壤酸碱指示瓶"的设计主要体现了基于STEAM教育理念下课堂教学模式的变革，通过以下几方面来实现教与学两端的变革。

1. 来源于生活

生活科学课最基本的特点就是选取学生身边的自然事物开展科学学习的活动，所要研究的问题越贴近学生的生活实际，学生就越感兴趣。本课从实验室走进家庭，引导学生在现实生活中寻找材料，用家庭中常见的紫甘蓝、紫薯，常见的花草等制成天然酸碱指示剂，不断改进指示剂、指示瓶，解决真实的问题。这恰好印证了学习源自生活，又归于生活。

2. 以小见大

本课题从小点出发，从学校的花草的生长出发，让学生组成一个班级范围的探究小组开展研究，让学生在研究过程中学习到酸碱性这种初中才会接触的知识点，并让学生尝试使用技术收集、分析数据等方法来设计和改进实验方案，让学生在学习情境中不断提升设计能力与解决问题的能力。

3. 培养实践性

本课强调工程实践，强调工程的步骤，更强调将社团活动和课题研究、过程研发等进行有机融合，以提升学生在现实生活中解决问题的能力。从解决生活中的真实任务出发，帮助学生发展科学、技术、工程、数学、艺术等方面的综合素质。

专家点评

该项目来源于生活，贴近学生的生活实际，引导学生从课堂走向生活，使学生可以思考与探索真实问题。在研究中选取的材料都是生活中常见且方便获取的，在解决问题中不断尝试、对比、改进、完善，并将探究结果应用于生活，该项目是有意义的。

项目设计由简入难，层层推进。从身边现象"校园花朵的生长变化"出发，了解土壤有酸碱性，且酸碱性会影响植物的生长。由此提出"如何测量土壤酸碱性"的问题，通过"知识库"介绍了酸碱指示剂，在观察了不同酸碱指示剂的作用后，进入本次科学探究的重点任务——设计并制作酸碱指示瓶。通过类比，选取与指示剂有相同特点的植物或食品——提取，分次尝试，记录现象，比较数据，展示成果。该项目强调工程实践，强调工程的步骤，帮助学生发展科学、技术、工程、数学、艺术等方面的综合素质，有助于提升学生的科学思维，该项目具有可操作性。

——湖州市长兴县教研中心 陈卫东

维C检测站

湖州市织里镇晟舍小学　徐佳琪

一、项目设计

（一）项目介绍

"维C检测站"是一项基于STEAM理念的项目活动，该项目适用于小学4～5年级。此项目以检测食物中维C（维生素C的简称）含量的多少为目的，共划分为五个阶段开展活动。项目引导学生对维C与高锰酸钾的反应现象加以应用，建立维C检测方案。

（二）学习目标

1. 科学（S）

（1）了解维C广泛存在于新鲜的水果和蔬菜中。

（2）知道维C能使高锰酸钾溶液褪色。

（3）能说出维C的主要功能及其在生活中的运用。

2. 技术（T）

（1）掌握收集资料的学习方法，并提高交流汇报的能力。

（2）学会将知识运用到生活实践中，从中提高自身的科学素养。

3. 工程（E）

（1）能自主设计检测方案，增强分析及解决问题的能力。

（2）在小组合作实验中，提高动手实践能力和团队合作意识。

4. 数学（M）

根据检测现象，能够判断出食物中维C含量的多少。

5. 艺术（A）

（1）了解物质的颜色变化。

（2）体会方案设计思维的有序性。

课标链接：工程的关键是设计，工程是运用科学和技术进行设计、解决实际问题和制造产品的活动。

（三）教学准备

1. 材料准备

材料：水、维C片、高锰酸钾、猕猴桃、草莓、苹果、柠檬、番茄、青菜、面粉、鸡蛋、食用油、牛奶等。

工具：烧杯、玻璃棒、滴管、量筒、白纸、电子秤、水果刀、榨汁机等。

2. 安全教育

在添加试剂时，要小心使用高锰酸钾，以防氧化皮肤。

在制作时，要小心使用水果刀等工具，注意安全，以防划伤手指。

（四）课时安排

"维C检测站"STEAM项目学习一共分为五课时，具体课时安排如下：

第一课时：40分钟。（提出问题）

第二课时：40分钟。（知识准备、技能准备）

第三课时：40分钟。（完成任务一）

第四课时：40分钟。（完成任务二）

第五课时：40分钟。（展示评价、拓展提升）

二、项目流程

本STEAM项目实施过程主要分为以下五个部分，每个部分都有对应的课时，具体实施过程分述如下：

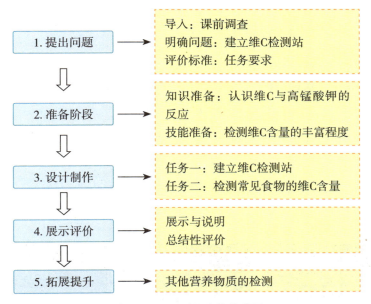

图5　STEAM项目实施流程图

三、项目实施

（一）提出问题（40分钟）

1. 导入：课前调查

维C是我们人体中不可缺少的营养物质，它对提高人体免疫力、促进骨骼生长等具有重要作用，查阅收集维C的相关资料，交流汇报。

意图：通过资料收集，让学生掌握维C的知识，同时也让学生发现维C与高锰酸钾反应的相关内容，为项目研究服务。

2. 明确问题：建立维C检测站

充足的维C对我们的健康有促进作用，我们吃的食物能给我们提供充足的维C吗？让我们来建立一个维C检测站，检测和认识不同食物中的维C含量。

3. 评价标准

从以下四方面对本项目中学生所建立的"维C检测站"进行评价：

（1）检测剂配制浓度是否恰当；

（2）检测中试剂用量是否适宜；

（3）维C含量对照比色卡标准是否区分明确；

（4）不同维C含量的食物分类是否正确。

（二）准备阶段（40分钟）

1. 知识准备：认识维C与高锰酸钾的反应

提问：维C和高锰酸钾反应会有什么现象？

意图：通过提问，引发对维C与高锰酸钾反应的思考，为实践探究的开展做好铺垫。

小组合作：以小组为单位，进行维C与高锰酸钾的反应实验，从多个角度去测试和观察现象，并做好记录。

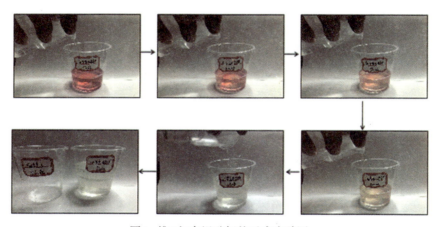

图6　维C与高锰酸钾的反应实验图

2. 技能准备：检测维C含量的丰富程度

提问：对维C的检测是否方便？如何检测出维C含量的丰富程度？

意图：通过提问，引导学生对维C检测站的建立进行进一步思考。

提问：维C能使高锰酸钾发生褪色现象，那么高锰酸钾的褪色程度和维C的含量有关吗？

小组合作：自主设计实验，探究不同浓度的维C与等量高锰酸钾反应的颜色变化。

图7　不同浓度的维C与等量高锰酸钾反应的颜色图

通过这个活动让学生明白维C含量越高，高锰酸钾的褪色程度越大，为维C检测站的设计做了铺垫。

（三）设计制作（80分钟）

任务一：建立维C检测站

1. 提出设计方案

我们要建立维C检测站，除了检测食物中是否含维C以外，还要检测出维C含量的丰富程度。

讨论：如何能检测出食物中是否含有维C？如何知道维C含量的丰富程度？

小组合作：设计维C的检测方案，主要从检测剂、检测方法、如何从颜色上区别维C含量等方面去思考设计。

2. 建立维C检测站

小组合作：根据设计进行实践，配制出相应的检测剂，并用不同浓度的维C溶液做实验，确立检测的方案，包括检测剂的合适浓度、试剂用量及比色卡（维C含量丰富、一般、少量、不含时的颜色）等。

3. 检测维C检测站的合理性

测试：选取维C含量丰富的猕猴桃、含量一般的草莓、含量少的苹果和不含维C的清水作为检测对象，各小组使用自己的检测方法，对照反应颜色，判断能否准确区分维C含量的多少。

4. 改进检测站

测试中结果不理想的小组，根据测试现象分析存在的问题，并调整检测剂的浓度等，改进自己小组的检测方法。

任务二：检测常见食物的维C含量

小组合作：使用自己小组的维C检测站，对身边的常见食物进行维C含量的检测。根据含量丰富、一般、少量、不含这四个标准对食物进行分类。

交流：各组对自己小组的检测结果进行交流，针对不一样的检测结果进行探讨。

意图：实践后产生的问题，折射出了检测存在的不足，为每名学生完善自己的检测站提供改进思路。

小组合作：根据交流中发现的问题，再次改进自己小组的检测站。

（四）展示评价（30分钟）

展示自己小组的维C检测站，并进行使用说明。以小组为单位对本次项目学习的成果进行自评与互评，并总结此次项目学习的收获，交流可以通过哪些食物来补充维C。

表3　STEAM学习评价表

评价要素：学习成果									
主要指标	☆	☆☆	☆☆☆	第一组	第二组	第三组	第四组	第五组	第六组
检测剂	检测剂浓度过低或过高	检测剂浓度较低或较高	检测剂浓度恰当						
检测方法	试剂用量不适宜、操作不简便	试剂用量较适宜、操作较简便	试剂用量适宜、操作简便						
含量区分	比色卡标准区分不明确	比色卡标准区分较明确	比色卡标准区分明确						
检测结果	食物分类不正确	食物分类有个别不正确	食物分类正确						

（五）拓展提升（10分钟）

家庭STEAM：从维C检测站中获得启发，运用所学STEAM项目研究方法对其他营养物质进行检测。

图8 检测食物中的其他营养物质

四、体会感悟

本项目的设计围绕STEAM的学习理念，以学生感兴趣的问题进行研究探索。学生体会到了从发现问题到解决问题的工程实施过程，从中培养了科学素养，增强了合作创新能力。

1. 知识大爆炸

学生在资料调查过程中，不仅体会到维C在生活中的广泛应用，而且体会到维C对人体自身健康的作用之大，为本STEAM项目的学习做好了知识铺垫。同时，学生会产生很多对于维C的思考与疑问，求知欲被激发。小组整理汇报，进行知识的分享，"以生教生"有利于增强教学效果。

2. 实验出真知

本项目采用了常见的材料进行探究，体现出科学与生活的密切相关性。教师引导学生运用维C与高锰酸钾的反应现象去解决现实生活中的问题，充分发挥学生的拓展思维能力和动手实践能力，并从中分析得出维C广泛存在于新鲜的水果和蔬菜中。

3. 生活大指导

本次STEAM课程从生活中的认识开始教学，到生活中的运用结束教学。虽然项目结束了，但是学生对生活中科学现象的热爱不会结束。

本STEAM项目以学生的发展为目标，引导学生自主开展认知过程，将新的认知进行转化，并对错误认知进行分析，通过不断改进、完善认知，发展了自身的思维能力。STEAM的学习模式有助于培养学生在各方面解决问题的能力，需要我们深入研究与推广。

 专家点评

　　首先，该项目是围绕实际生活中的问题开展的，从生活中的认识开始教学，到生活中的运用结束教学。其次，该项目的难度符合学生的学情特点和实际水平，具备一定的挑战性，学生需经过积极思考、认真计算、确定方案、小组合作才能完成。再次，研究采用了常见材料进行探究，贴近生活，抓住了学生的童趣之心。最后，该项目有足够的吸引力，能够激发学生探究学习的欲望。因此，该项目是一个可实施的、有意义的项目。

　　该项目在设计上有层次，使学生能够循序渐进地亲身经历"提出问题—准备阶段—设计制作—展示评价—拓展提升"的项目实施过程。该项目以学生为主体，关注"人性化"，注重"以学生为本"的理念。该项目让学生自己去思考，为学生提供了展示自我的平台。整个项目有效地落实了STEAM教育模式，使科学、技术、工程、艺术和数学相整合的教学模式融入科学课堂中，既符合新课程标准的要求，又突出了综合素养的培养目标。

——湖州市长兴县教研中心　陈卫东

百变 "咕咚"

湖州市湖师附小教育集团　黄君健

一、项目设计

（一）项目介绍

在我们生活中存在着各种各样的液体，液体"咕咚咕咚"地流动着，如饮用水、牛奶、食用油、可乐等。这些液体有一定的相似之处，如都可以流动。这些液体也有很大的区别，如它们的颜色、气味、作用等都不相同。

液体除了在瓶子中，还广泛存在于地球的各个角落，并且很多液体都在时刻流动着。流动起来的液体赋予了地球丰富的形态，是地球生命的纽带。比如，我们人体内流淌着的血液，携带着氧气和各种营养物质，为我们身体的日常活动提供了保障，同时还将产生的二氧化碳携带出来。

流动的液体一旦出现了问题是十分可怕的。例如，凶猛的河水挟带着泥沙就会形成破坏力惊人的泥石流。血液中脂肪含量偏高就会形成高血脂，严重影响人类的健康。让我们一起来探究流动的液体吧。

（二）学习目标

1. 科学（S）

（1）知道液体可以溶解物质，溶解物质后液体的一些特性会发生改变，如液体的黏稠度、流动能力等。

（2）知道液体在流动过程中有能量，并且要让液体流动起来需要动力。

（3）了解自然界的液体循环的动力来源是太阳，人体血液流动的动力来源是心脏。掌握人体血液循环的基本规律，会模拟人体的血液循环，知道人体血液的基本组成。

2. 技术（T）

（1）会规范操作实验，合理控制变量。

（2）会使用生活中常见的工具进行实验，并在实验中学会改变实验装置。

（3）根据实验结论，撰写实验报告及健康建议书。

3. 工程（E）

（1）能绘制简单的血液循环系统草图。

（2）能不断优化自己的装置。

（3）能制作基本符合人体血液循环的模拟器。

4. 数学（M）

（1）记录通过实验获得的数据，并会简单分析。

（2）会利用掌握的数据撰写实验报告，并在报告中对数据有不同角度的描述。

5. 艺术（A）

（1）美化人体血液循环装置。

（2）会合理编排并美化建议书。

课标链接：本课所涉及的科学知识点主要为三年级科学液体单元、五年级科学土地的侵蚀单元，以及相关实验技能，并需要有一定的动手能力和数据分析能力，故本课建议实施的年级为五年级和六年级。

（三）教学准备

1. 材料准备

材料：液体黏稠剂、水、沙子、透明塑料薄膜、色素、A4纸（实验报告纸）、常见液体（不同种类的油）。

工具：洗鼻器、粗细不同的塑料管、水盆、流速板、滴管、剪刀、针筒。

2. 安全教育

在制作时，要小心使用剪刀等工具，注意安全，以防划伤手指。

（四）课时安排

"百变'咕咚'"STEAM项目学习一共分为五课时，每课时安排如下：

第一课时：30分钟。（提出问题）

第二课时：90分钟。（知识准备、技能准备）

第三课时：40分钟。（完成任务一）

第四课时：40分钟。（完成任务二）

第五课时：40分钟。（展示评价、拓展提升）

二、项目流程

本STEAM项目实施过程主要分为以下五个部分，每个部分都有对应的课时，具体实施过程分述如下：

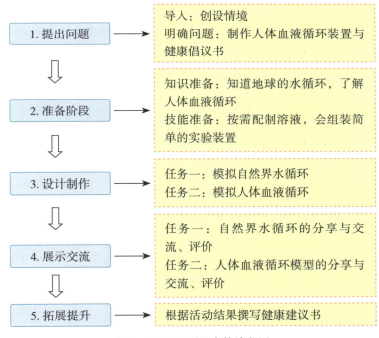

图9　STEAM项目实施流程图

三、项目实施

（一）提出问题（30分钟）

1. 导入

观看及阅读黄河和人体血液循环系统的视频与文字介绍，初步了解流动的液体携带着能量和物质，初步知道人体血液的相关知识。那么真的是"黄河之水天上来，奔流到海不复回"吗？人体的血液又是如何循环起来的呢？

2. 提出问题

本次活动，将通过实验的方法来模拟自然界水的循环和人体的血液循环，并根据实验结果撰写健康建议书。

3. 评价标准

明确"百变'咕咚'"项目的评价标准：能够清晰地看到水循环的过程；能够相对准确地模拟出人体的血液循环；同时考虑制作成本，尽量节约用材。

（二）准备阶段（90分钟）

1. 知识准备一：不同的液体流动能力不同

提问：液体的种类很多，在相同条件下，它们的流动能力相同吗？

思考：不同的液体流动能力不同的原因是什么？

讨论：哪些液体流动得快，哪些液体流动得慢？

实验探究：比较不同液体的流动能力。

（1）准备不同种类的液体，配制不同纯度的液体。

（2）将流速板倾斜45°并固定，测量所配制的液体从顶部流淌到底部所需的时间。

（3）通过改变液体的纯度，使得流完全程的时间为25秒（根据实际可以更改时间）。

（4）比一比，哪种液体流动能力最接近标准值？

意图：学生已经学过比较不同液体的流动能力，本次探究主要是让学生知道通过配比，可以控制液体的流动能力，为模拟血液循环做准备。

思考：你是通过什么方法来控制液体的流动能力的？

讨论：黄河水与长江水的流动能力相同吗？不同人的血液的流动能力相同吗？

小结：不同种类的液体的流动能力是不同的，不同纯度液体的流动能力也是不同的，当液体的流动能力改变时，不仅会影响自然界的水循环，也会影响身体健康。

2. 知识准备二：人体的血液

提问：人体的血液和水的成分不一样，那么它们的流动能力相同吗？

意图：通过提问，知道学生的知识掌握情况，为本次活动明确内容。

讨论：血液的流动能力大概和哪种液体相同？

阅读：液体的黏度来源于液体内部分子或颗粒间的摩擦，即内摩擦。如果水的黏度为1，则全血的相对黏度为4～5，血浆的相对黏度为1.6～2.4（温度为37 ℃时）。当温度不变时，全血的黏度主要取决于血细胞比容的高低，血浆的黏度主要取决于血浆蛋白的含量。全血的黏度还受血流切率的影响。

通过阅读以上知识，我们知道血液的相对黏度为4～5，就是在长度为40厘米，角度为45°，温度为37 ℃的流速板上，从顶端流到下端的时间约为48秒。（具体数据受温度等影响较大，上课时以实际测试为准）

探究：请同学们根据实验所需的器材，配制"血液"，并完成下面表格。注意实验材料是有限的。

表4 "血液"配制表

"血液"的配制　　　　第　　　小组　　　组员：	
需要的材料	
配制的基本过程设计	
我配制了　　　　次	我们小组配制的"血液"黏度（　　　　）真实血液黏度
材料使用情况	我一共用了　　　　　　　　　　　　　材料

意图：配制类似人体黏度的液体，是对前面所学内容的应用。根据所需参数，配制出符合要求的液体，体现了科学实验能力、配制液体的技术和整体实验的工程学，另外想列举具体的参数，还需要学生获取参数、对比参数、不断地调整液体，这是数学的过程。整个过程，让学生经历了完整的"工程师"研究的过程。

3. 知识准备三：人体血液循环系统

提问：自然界的水依靠太阳的能量进行循环，那么人体的血液循环的动力来自哪里？又是怎么循环的呢？

阅读：血液循环是由体循环和肺循环两条途径构成的双循环。血液由左心室射出经主动脉及其各级分支流到全身的毛细血管，在此与组织液进行物质交换，供给组织细胞氧和营养物质，运走二氧化碳等代谢产物，动脉血变为静脉血，再经各级静脉，最后汇入上、下腔静脉及冠状窦流回右心房，这一循环为体循环。血液由右心室射出经由肺动脉至肺泡周围的毛细血管网，在此与肺泡进行气体交换，吸收氧并排出二氧化碳，静脉血变为动脉血，然后经肺静脉流回左心房，这一循环为肺循环。

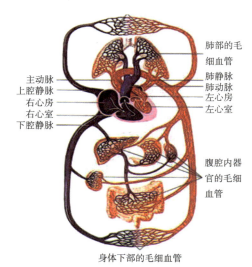

图10　血液循环系统模式图

讨论：血管的粗细是否相同？哪里的血管比较粗，哪里的血管比较细？

意图：整体再次介绍血液循环，包含了静脉和动脉，为后面的模型制作提供理论支持，为实验中可能出现的基础性知识做一个较为全面的介绍。

4. 技能准备：设计对比实验

提问：我们在做实验的过程中，想要知道某一条件对实验结果会产生怎样的影响，常采用对比实验的方法。你知道对比实验如何设计吗？

意图：设计对比实验是科学实验能力的基本技能，加强学生设计实验的能力。

小组合作：改变血液黏稠度的实验计划。

表5　改变血液黏稠度的实验计划表

改变血液黏稠度的实验计划	
提出的问题	
改变的条件	
不变的条件	
实验方法	

交流：改变条件和不变条件是否合理。

（三）设计制作（80分钟）

任务一：自然界水循环模型的制作

1. 提出设计方案

我们要模拟自然界水的循环，就要思考水是如何循环的？动力是什么？又是如何回到地面的？一定要相对真实地模拟出来。

讨论：太阳的热能是动力，水汽冷却后以降水形式回到地面，如何模拟呢？循环系统又是怎样保持相对的封闭性的？

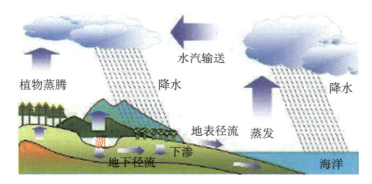

图11 自然界水循环模拟图

2. 绘制设计图

小组合作：明确自然界水循环的基本原理，请根据给定的实验器材，完成设计图。

表6 自然界水循环条件表

自然界水循环的条件	
动力	
需要条件	
示意图	

3. 制作模型

小组合作：制作一个模拟自然界水循环的简易装置。

讨论：请指出装置中分别是什么，模拟什么？

思考：这个装置在生活中还有什么用处？

任务二：人体血液循环模拟装置

1. 提出设计方案

图12　模拟装置

提出方案：利用已经配制好的"血液"和所提供的材料来模拟人体的血液循环系统。

讨论：如何模拟人体的血液循环系统？

2. 绘制设计图

小组合作：请根据给定的材料，画出人体血液循环系统设计图。

人体血液循环系统设计图

3. 制作模型

小组合作：根据设计图，制作出人体血液循环系统模型。

讨论：请指出模型中分别是什么，模拟什么？

意图：教材中，学生已经模拟过心脏的工作，所以本活动模拟整个循环系统，学生可以更好地理解血液循环，并且以一项工程的形式开展，学生可以更好地理解血液循环中的心脏、血液、血管之间的联系。

任务三：条件变化对血液循环系统的影响

提问：当摄入过多的脂肪后，血液的黏稠度会增加，那么对血液循环会有怎样的影响呢?

讨论:改变一个条件,并且只探究这个条件对实验的影响,我们可以采取什么实验方法?

小组合作:制定方案、实施实验。

表7　改变血液黏稠度的实验计划表

改变血液黏稠度的实验计划	
提出的问题	
改变的条件	
不变的条件	
实验方法	
实验结论	
实验中我的表现	☆ ☆ ☆ ☆ ☆
小组的表现	☆ ☆ ☆ ☆ ☆
我想对　　　说	
实验中我发现	
实验结果应用	

交流:通过实验,改变血液黏稠度后,人体的血液循环发生了很大的变化,如果真实地发生在人体中,会产生哪些危害呢?

意图:通过模拟实验,为"三高"人群的健康提供参考意见,将实验结果应用到生活中去。

小组合作:除了血液的黏稠度发生变化,血管壁增厚、心脏的搏动能力、血管的粗细等都会影响血液的循环,请用已有的实验装置,设计实验,并得出结论。

意图:让学生思考影响现代人心血管健康的主要原因,并尝试提供健康建议。

(四)展示评价(30分钟)

展示作品,并进行说明。以小组为单位,对本次项目学习的成果进行自评与互评，总结此次项目学习的收获，尝试提出健康建议。

表8　STEAM学习评价表

评价要素：学习成果									
主要指标	☆	☆☆	☆☆☆	第一组	第二组	第三组	第四组	第五组	第六组
自然界水循环模拟	基本能让水循环起来	能够较好地解释水循环	对此装置进行拓展应用						
血液黏稠度	知道血液的黏稠度	比较接近血液的黏稠度	会根据需要调整血液的黏稠度						
人体血液循环模拟	初步模拟人体血液循环	比较准确地模拟人体血液循环	能够对血液循环进行对比实验						
健康建议	感知血液对人体健康的重要性	知道哪些因素会影响心血管健康	得出合理的健康建议						

（五）拓展提升（10分钟）

1. 家庭STEAM：清除血栓

模拟实验中，在塑料管壁上留下一些附着物，真实的血管中也会这样，特别是转弯处会有很多积垢，严重影响血液的正常流动。

阅读：血栓是血流在心血管系统血管内面剥落处或修补处的表面所形成的小块。在可变的流体依赖型中，血栓由不溶性纤维蛋白、沉积的血小板、积聚的白细胞和陷入的红细胞组成。

设计：设计工具，清除血管内的血栓。

2. 撰写健康建议书

表9　健康建议书

健康建议书
尊敬的　　　　　：
您好！

续 表

健康建议书
通过　　　　　活动，我们知道了人体血液循环的重要性，我们设计了人体血液循环模拟装置，在实验中我们发现：
您的生活中有（　　　　　）（　　　　　　）等不良习惯，会导致：   　所以我建议您：   　　　　　　　　　　　　　　　　　　　　　　　建议人： 　　　　　　　　　　　　　　　　　　　　　　　年　　月　　日

　　注意：撰写实验结论和健康建议书后在班级内进行展评，也可以把建议书给同学、家长、老师等。

四、体会感悟

　　在这次STEAM主题活动中，实验围绕着制作一个自然界水循环模型和人体血液循环模型展开。本次活动并不是一系列相关联的碎片的知识的组合，而是把学生学习到的零碎知识与机械过程转变成一个探究世界相互联系的过程。本次STEAM活动的目标是整合各领域的知识和技能，将知识的学习与生活的实践结合起来，解决现实世界中的实际问题。

1. 教材知识的跨年级融合

　　本次STEAM活动适合小学高段学生，涉及从小学三年级至六年级的知识点。在教科版小学科学教材中，不同年级都有安排关于液体的学习，但是关于液体的前后知识点的联系并不是很大，学生很难综合考查知识点之间的内在联系。故本STEAM活动可以很好地将学生已经学习的关于液体的知识整合起来，达到科学知识活学活用的目的。

三年级学生使用过流速板比较不同液体的流动速度，已经对液体具有不同的流动速度有一定的实验能力。四年级科学介绍了人体的循环系统，但是对于复杂的血液循环，教材中的内容很少。现代的学生仅仅掌握课本中的知识是不够的，但是对于人体的实验，在课堂教学中很难开展。五年级科学在河流对土地的侵蚀一课中，学生已经学会通过控制变量来探究流动的液体的一些特征。六年级科学能量单元，对地球生命的能量来源做出了解释——来源于太阳。

综上所述，本STEAM活动是将小学科学多年级的科学知识点融合起来，把碎片化的知识连成线，在实践中应用成面。

2. 本次STEAM活动的现实意义重大

在本次STEAM活动中，最终指向的是血液循环与人体健康，通过对比实验，学生能够清楚地感受到生活中常见的"三高"对人体的危害。我想，很多同学和家长对于"三高"是耳熟能详的，但是到底为什么"三高"会对人体有这么大的危害，学生是没有切身体会的。通过模型的建立，开展对比实验，学生能够简单明了地理解"三高"所带来的危害，能够体会心脏工作的繁重，能够掌握引起"三高"因素的一些内在的知识。

非常有趣的是，学生在实验结束后，发现了血管中有血栓，我马上让学生进行家庭STEAM活动，让学生利用S、T、E、A、M的素养去解决血栓问题。虽然按照学生的方法清除血栓没有实际的医学用途，可这也是学生根据实际作品而设计的行之有效的方案。

3. 科学表达能力与写作能力的融入

本次STEAM活动获得的成果作品并不是两个模型，而是最终的实验报告和健康建议书。科学课或者STEAM课给人的印象往往是理科的，但是真正的科学成果往往需要科学家去撰写实验报告和一些建议书。本课正是基于以上实际情况，将最终的活动成果定义为撰写实验报告和健康建议书。小学五年级的学生已经基本学会书信的书写和科学说明的书写，利用本次实验过程获得的感悟和实验数据来撰写实验报告和健康建议书是一次实战应用。

4. 活动过程开放、学生参与度高

本次STEAM活动较好地体现了开放性——材料的选择、工具的选择、实验方案的制定、实验模型的制作都具有自主开放性，对于制作过程、设计图等都给予学生最大的自由度。可以说，在活动中，学生能够很好地体现主观能动性，教师能够根据学生的需求给予学生适当的帮助。

本次活动深受学生的喜欢，学生整体的参与度很高。在活动中，多项活动都不是一个人能独立完成的，需要小组间的默契配合，在配合中，学生可以相互学习。

总之，在本次STEAM活动中，可以比较全面地体现STEAM的教育理念，可以很好地提高学生的综合素养。同时，受到实验器材、学生知识水平的影响，本次STEAM活动还存在诸多不足，有待日后改进。

专家点评

该项目对学生具有很大的吸引力，能够引起学生很强的探索欲。在设计的层层活动中，融入了STEAM理念，本次活动思路清晰、层层设障、分段解决，使学生的思维能力、动手能力、发现问题的能力、解决问题的能力等都得到了质的提升。因此这是一个可实施的、有意义的项目。

该项目又隐含了人与自然相融合的客观规律，大自然中的水流流速与溶解在其中或混合在其中的物质有关，人体血液循环的速度也是如此。因此，设计了两大类活动：第一大类为自然现象的模拟实验，从自然现象提出问题，进行模拟，活动有序展开，学生通过研究影响流水流速的因素，理解了液体流速与水中各物质的含量有关，并进一步提出动力来源的问题——自然界的水循环动力来自太阳，这一大类活动属于我们常见的科学研究方法，也符合小学高段学生的理解水平。第二大类为研究人体自身的血液循环，这是对学生认知水平的一个质的提高。这个活动使学生原有的朦胧的认识变得更加清晰，学生能够清楚地了解到人体血液循环的规律，而此时老师又抛出了问题：影响河流流速的因素我们已经研究过了，那血液的流速是不是也受各种因素的影响，血液的流速多少才是比较合适的？问题不断，研究不停。此时学生已经由被动研究转化为自主研究，工程活动由此深入。在模拟血液循环的实验中，我们又有了新的发现——血栓对血液流速的影响。整个项目层层设疑、分层设计，具有严密的结构性和可操作性。

——湖州市长兴县教研中心　陈卫东

创意苔藓墙

湖州市志和中学　陈豪

一、项目设计

（一）项目介绍

　　"创意苔藓墙"是一项基于STEAM理念的项目活动。该项目融合了科学、技术、工程、艺术和数学五门学科知识，运用多媒体技术、实验操作技术、工程设计技术等手段，辅以数学数据分析，综合考虑工程领域的全局意识、成本意识等解决现实问题。整个项目活动是按照学生的认知水平层次由低到高布置任务的。

图13　创意苔藓墙

（二）学习目标

1. 科学（S）

（1）了解苔藓植物的特征。

（2）知道过期酸奶可以培养苔藓。

（3）会科学探究影响苔藓生存的环境因素。

2. 技术（T）

（1）学会有效地培植苔藓，提高苔藓的成活率。

（2）寻找可靠的方案，使得苔藓能够生长在墙上。

（3）利用身边的材料，结合苔藓美化室内装修。

3. 工程（E）

（1）按照设计方案进行苔藓培植。

（2）将技术应用于室内装修，美化环境。

4. 数学（M）

设计几何图形，使得苔藓装饰更加美观。

5. 艺术（A）

尝试设计画图，使得装饰更加美观。

课标链接：在科学知识与技能上，了解生命系统的结构层次，认识生物体的基本构造、生命活动的基本过程以及人、健康、环境之间的相互关系。逐步领会生物体结构与功能的统一、生物体与环境的统一和不断进化的观念，认识生命系统的复杂性、开放性。

（三）教学准备

1. 材料准备

材料：苔藓、啤酒、酸奶、白砂糖。

工具：采掘铲、封口袋、标签纸、水槽、刷子、搅拌机。

2. 安全教育

（1）在对苔藓进行观察时，要记录周边的环境。

（2）在使用工具挖掘苔藓时要注意安全。

（3）安全使用搅拌机。

（四）课时安排

"创意苔藓墙"STEAM项目学习具体课时安排如下：

第一课时：20分钟。（课程导入，提出学习目标）

第二课时：60分钟。（查阅资料，认识苔藓及其生存环境）

第三课时：60分钟。（技能准备，如何采集苔藓，苔藓墙的材料制作）

第四课时：15～20天。（进行美术设计，实际制作苔藓墙，并进行后期维护制作）

二、项目流程

本项目实施过程主要分为以下五个部分，每个部分都有对应的课时，具体实施过程分述如下：

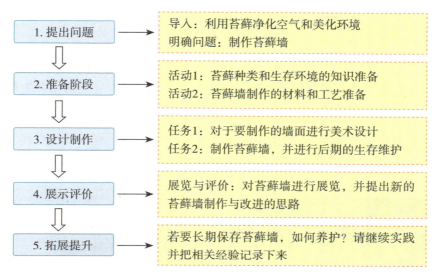

图14　STEAM项目实施流程图

三、项目实施

（一）问题情境（20分钟）

1. 导入

现代城市建筑密集、汽车尾气排放严重，空气质量岌岌可危。绿色植物有净化空气的作用，但是很难实现在城市中空出大量面积来种植树木净化空气，你有什么好方法帮助城市净化空气吗？

2. 提出任务：制作苔藓墙

苔藓属于绿色植物，将其培植在墙上，不仅能美化环境、净化空气，而且它是天然的"生物加湿器"，让我们来制作苔藓墙帮助城市净化空气吧！

3. 评价标准

会利用网络等寻找苔藓墙的制作方法，会选择合适的方法制作苔藓墙，能利用多种方法设计出较有创意的苔藓墙作品。

（二）学习准备（120分钟）

1. 知识准备：认识苔藓

查阅：查阅书籍、网络和教师提供的资料等，了解苔藓的种类、生活习性等。

交流：苔藓植物的生活习性，如湿度、温度、土质等。

意图：通过交流，有针对性地去查阅苔藓的习性，了解到苔藓生长所需的温度不可低于22 ℃，最好保持在25 ℃左右，苔藓不适宜在完全阴暗处生长，它需要一定的散射光线，喜欢潮湿环境，特别不耐干旱，喜欢半封闭的环境，大多数苔藓植物适于偏酸性的土壤，如白发藓、金发藓等，有的苔藓适宜生长在碱性土壤中，如墙藓等。

图15　自然界中的苔藓植物

2．技能准备

提问：如果我想培植苔藓，该怎么做呢?

讨论：苔藓的培植方式。

查阅：相关的用过期酸奶培植苔藓的资料。

小组合作：利用过期酸奶培植苔藓。

（三）设计制作（15~20天）

任务一：制作苔藓墙

1. 提出设计方案

提问：设计苔藓墙，也就是让苔藓长在墙上，需要解决哪些问题？

讨论：如何让苔藓长在墙上？长在墙上后，如何保证苔藓能长期活下去？

查阅：苔藓墙的相关制作方法。

小组合作：设计苔藓墙的制作方案，从培植苔藓开始，确立详细的方案。

2. 制作苔藓墙

采集足量的苔藓，最好采集田地里、马路边或者湿润泥土里的苔藓。将准备好的苔藓进行清洗，尽量从根部获得更多的泥土，把带有苔藓的泥土放进搅拌机里。将一定量的酸奶或脱脂奶、水、白砂糖一起放进搅拌机均匀搅拌，直至使其看上去像油漆状，觉得太稀可加入玉米浆，然后将其转到另一个大一

图16　采集的苔藓

点的桶里。用油漆刷将搅拌好的混合浆均匀地涂抹到墙壁上，隔段时间要回来观察一下，太干就加点水或再涂抹点混合浆。

小技巧：尽量在湿润且有点光照的地方涂抹，最佳季节是春秋季，有助于苔藓良好生长，在小孔多的表面涂抹更容易生长。苔藓易在阴湿条件下存活，所以，对于苔藓墙面的保养，一要注意保湿，尤其在夏季，可用喷壶对苔藓进行定期喷雾，间隔时间视水分的蒸发情况而定。二要注意苔藓的长势，春秋季可用米泔水沿墙壁从上到下冲淋几次，这样，苔藓可长得茂盛。

在苔藓中加入酸奶

在苔藓中加入糖

在苔藓中加入啤酒

在搅拌机里搅拌

在苔藓中加入柠檬水

搅拌后的苔藓

图17　苔藓墙制作过程

任务二：苔藓墙创意

提问：如今墙绘艺术很受人们欢迎，那么我们能不能用苔藓来进行墙绘呢?

讨论：苔藓墙绘的方法。

交流：小组间交流各自想出的苔藓墙绘方法，相互学习交流，选取简单易行的、适合自己小组图案墙绘的方式。

小组合作：设计墙绘图案，探讨出具体步骤。可以利用雕刻的方法在原来培植出来的墙上进行苔藓墙绘。也可以重新培植苔藓泥，进行涂鸦墙绘。还可以取成块的苔藓，用粘贴的方法进行墙绘。

图18　苔藓墙绘

小组合作：选用适合的方法进行墙绘，用苔藓绘出自己小组设计的图形。

（四）展示评价

1. 苔藓墙展

给学生制作的苔藓墙开一个展览会，相互参观、评价。

2. 总结性评价

表10　STEAM苔藓墙课程形成性评测表

过程步骤	天才	大师	精英	工匠	学徒
识别问题	□ 能准确提炼苔藓墙的制作过程 □ 能充分理解苔藓墙的组成因素 □ 能清晰表达苔藓墙制作的逻辑结构	□ 苔藓墙制作过程的大部分被识别 □ 能对苔藓墙的重要因素进行分析 □ 能表达苔藓墙制作的基本逻辑结构	□ 苔藓墙制作过程的一部分被识别 □ 能对苔藓墙思维部分因素进行描述 □ 能表达苔藓墙制作的部分逻辑结构	□ 苔藓墙制作过程没有被清晰理解或准确识别	□ 没有识别苔藓墙的制作过程

过程步骤	天才	大师	精英	工匠	学徒
创建设计（蓝图）	□ 提出的苔藓墙设计明确应对问题，并呈现了问题的参数 □ 苔藓墙设计容易理解，并涵盖了以下所有细节：比例、尺寸、材料、标注	□ 提出的苔藓墙设计应对问题，并呈现了问题的参数 □ 苔藓墙设计涵盖了以下必要细节中的3个：比例、尺寸、材料、标注	□ 提出的苔藓墙设计应对问题，并呈现了问题的参数 □ 苔藓墙设计涵盖了以下必要细节中的2个：比例、尺寸、材料、标注	□ 提出的苔藓墙设计没有应对问题，或者没有呈现问题的参数 □ 苔藓墙设计涵盖了以下必要细节中的1个：比例、尺寸、材料、标注	□ 没有设计
建立模型	□ 提交的模型应对了苔藓墙设计 □ 处理了苔藓墙制作问题的所有参数 □ 模型依照苔藓墙设计建立	□ 提交的模型应对了苔藓墙设计 □ 处理了苔藓墙制作大部分的参数 □ 模型依照苔藓墙设计建立	□ 提交的模型应对了苔藓墙设计 □ 处理了苔藓墙制作问题的一个参数 □ 模型没有依照苔藓墙设计建立	□ 提交的模型没有应对苔藓墙设计 □ 没有处理苔藓墙制作的任何参数 □ 模型没有依照苔藓墙设计建立	□ 没有模型
检验和收集苔藓样本	满足下列标准中的全部： □ 收集的苔藓样本能有效对应 □ 制作苔藓墙的过程规范有效 □ 开展了多次样本采集和苔藓培植 □ 组织有序，效率高	满足下列标准中的3条： □ 收集的苔藓样本能有效对应 □ 制作苔藓墙的过程规范有效 □ 开展了多次样本采集和苔藓培植 □ 组织有序，效率高	满足下列标准中的2条： □ 收集的苔藓样本能有效对应 □ 制作苔藓墙的过程规范有效 □ 开展了多次样本采集和苔藓培植 □ 组织有序，效率高	满足下列标准中的1条： □ 收集的苔藓样本能有效对应 □ 制作苔藓墙的过程规范有效 □ 开展了多次样本采集和苔藓培植 □ 组织有序，效率高	□ 没有检验或采集苔藓样本
分析数据和再设计	满足下列标准中的全部： □ 利用苔藓培植实验优化了模型 □ 利用苔藓培植实验优化了设计	满足下列标准中的3条： □ 利用苔藓培植实验优化了模型 □ 利用苔藓培植实验优化了设计	满足下列标准中的2条： □ 利用苔藓培植实验优化了模型 □ 利用苔藓培植实验优化了设计	满足下列标准中的1条： □ 利用苔藓培植实验优化了模型 □ 利用苔藓培植实验优化了设计	□ 没有苔藓培植实验或再设计

续 表

过程步骤	天才	大师	精英	工匠	学徒
分析数据和再设计	□ 修改都以苔藓培植实验为根据 □ 有恰当的理论依据	□ 修改都以苔藓培植实验为根据 □ 有恰当的理论依据	□ 修改都以苔藓培植实验为根据 □ 有恰当的理论依据	□ 修改都以苔藓培植实验为根据 □ 有恰当的理论依据	
交流结果（汇报）	满足下列标准中的全部： □ 清晰阐述苔藓墙的制作过程 □ 展示并分析了苔藓墙制作过程的步骤 □ 清晰呈现了苔藓墙的制作过程 □ 苔藓墙作品实用美观	满足下列标准中的3条： □ 清晰阐述苔藓墙的制作过程 □ 展示并分析了苔藓墙制作过程的步骤 □ 清晰呈现了苔藓墙的制作过程 □ 苔藓墙作品实用美观	满足下列标准中的2条： □ 清晰阐述苔藓墙的制作过程 □ 展示并分析了苔藓墙制作过程的步骤 □ 清晰呈现了苔藓墙的制作过程 □ 苔藓墙作品实用美观	满足下列标准中的1条： □ 清晰阐述苔藓墙的制作过程 □ 展示并分析了苔藓墙制作过程的步骤 □ 清晰呈现了苔藓墙的制作过程 □ 苔藓墙作品实用美观	□ 没有汇报
交流结果（建议书）	□ 建议书包含了苔藓墙制作过程中的全部素材 □ 苔藓墙的制作过程解释完整 □ 苔藓墙的制作过程组织有条理	□ 建议书包含了苔藓墙制作过程中的大部分素材 □ 苔藓墙的制作过程解释完整 □ 大部分苔藓墙的制作过程组织有条理	□ 建议书包含了苔藓墙制作过程中的小部分素材 □ 有苔藓墙的制作过程，但不够完整 □ 苔藓墙的制作过程组织条理性欠缺	□ 建议书包含了苔藓墙的制作过程中的小部分素材 □ 有苔藓墙的制作过程，但较零乱 □ 苔藓墙的制作过程组织无条理	□ 没有建议书

（五）拓展提升

家庭STEAM：想要苔藓墙长期保存下去，如何养护？请继续实践并把相关经验记录下来，分享到网上。

四、体会感悟

"创意苔藓墙"从认识苔藓、掌握苔藓的生活习性，到应用苔藓制作苔藓板和苔藓墙，教学内容涉及了科学、数学、工程、技术和艺术，以跨学科领域进行了有益的教学尝试。从目前我们所做的评价结果看，学生能较好地进行跨学科知识的学习与应用，并发展多方面的能力和素养。

本活动以"苔藓"为教学载体，培养了学生的创新能力。在活动过程中，学生批判性的思维能力得到了发展，同时学生的解决问题能力、作品的设计与优化能力、实践造物能力都有一定程度的提高。

通过小组合作学习，学生们的相互协作能力和人际沟通能力得到了一定程度的提高，同时，学生们也学会了通过网络进行协作分享。

专家点评

"创意苔藓墙"整体设计独具匠心，体现了一种新的教育理念。学生通过苔藓墙这个载体，学会了通过一个项目综合运用科学技术、工程、数学等方面知识解决现实世界中的问题。这门课程培养的是一种科学思维、理性思维，并且能把理性思维、艺术美学融于生活之中。

本课程的特色在于以生活中最常见的绿化为切入点，从生活中的问题到研究课题再回归到生活问题，在这个过程中综合运用了多媒体知识、实验操作技术、工程设计等理念。对目前的学生来说，设计是一个短板，设计的过程蕴含着创新思维。而本课程的重点在于提出设计目的、设计思路、设计以后的分析、实践、结论。把设计的理念放里面，在设计之后评价改进，更符合布鲁诺认知目标的高阶思维。

学习科学实验的过程、体验工程、学习做项目是本课程的亮点，注重评价的过程性又是本课程的特色。在本实验过程中运用了情境认知理论。情境认知教学模式的关键是创设合理的情境，而且必须基于学生的知识结构和教学目标。这种情境能够使学生有机会生成问题和提出各种假设，并在解决结构不良的、真实的问题过程中获取丰富的资源。本课程在设置的过程中，注重设计与体验，在学生意想不到的地方出现新的情境，提出新问题，其情境内容、媒体运用、组合的方式都富有新意，让学生感到进入一种情境就会获得一种新的体验，得到一种新的发现。

——杭州市下沙经济开发区教研室　姚雪飞

第三章　物质与能量

我的挖掘机

湖州市仁皇山小学　周峰

一、项目设计

（一）项目介绍

"我的挖掘机"是一项基于STEAM理念的项目活动，该项目适用于小学5～6年级。此项目在学生熟悉电磁铁的基础上，引导学生运用电磁铁设计并制作出能够搬运铁制品的挖掘机。此项目综合考虑工程领域的全局意识、成本意识等解决现实问题。整个项目的呈现依据学生的认知逻辑，引导学生一步步探究与实践，在实践中培养学生解决问题的能力，优化学生解决问题的思维，锻炼学生的设计与动手能力。

（二）学习目标

1. 科学（S）

（1）了解液压系统。

（2）电磁铁的性质：通电产生磁性。

（3）电磁铁的磁性大小与铁芯、线圈圈数有关。

2. 技术（T）

（1）学会制作电磁铁。

（2）学会串并联电路。

（3）学会画电路图，并将电路图连接成实物。

3. 工程（E）

（1）改装后的挖掘机的测试与改进。

（2）运用相关方法评估。

4. 数学（M）

（1）学会核算成本。

（2）学会给产品定价。

课标链接：

科学知识：电磁铁有磁性，可以对某些物体产生作用。

5. 艺术（A）

（1）绘制出清晰、直观和美观的设计图，培养学生绘制图表的习惯。

（2）能够美化挖掘机的外观，让自行设计的挖掘机更加美观。

（三）教学准备

1. 材料准备

材料：长木条、羊角钉、PC软管、塑料针筒、大小不同的铁钉、电池盒（1.5伏特、3伏特、4.5伏特）、电池、漆包线、导线、双面胶、回形针、螺丝。

工具：小刀、剪刀、设计图纸、评估记录纸。

2. 安全教育

在制作时，要小心使用小刀、剪刀等工具，注意安全，以防划伤手指；在组装时，要小心使用大头针、细铁丝等金属材料，以免扎伤自己和他人。

（四）课时安排

《我的挖掘机》STEAM项目学习一共分为五课时，具体课时安排如下：

第一课时：40分钟。（提出问题、知识准备）

第二课时：40分钟。（技能准备）

第三课时：40分钟。（完成任务一）

第四课时：40分钟。（完成任务二）

第五课时：40分钟。（评价展示、拓展提升）

二、项目流程

本STEAM项目实施过程主要分为以下五个部分，每个部分都有对应的课时，具体实施过程分述如下：

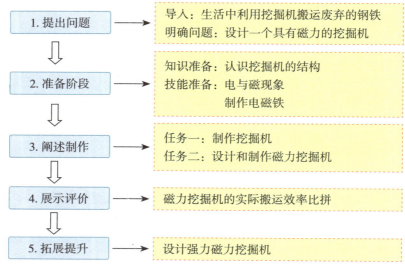

图1　STEAM项目实施流程图

三、项目实施

（一）问题情境（20分钟）

工厂或是工地，受场地等众多因素的影响，无法安装磁力吊机，只能用挖掘机来搬运废弃的钢铁，但是这会对挖掘机造成损伤，同时也有操作的局限性。本次活动的任务是以常规挖掘机为模型，使挖掘机能够搬运废弃的钢铁，完成任务。如果你是一名工程师，你打算如何改进你的挖掘机呢？

1. 创设真实情境

导入：观看一段挖掘机正在搬运废铁的视频。

提问：（1）同学们，在观看了这个视频后，你们觉得挖掘机在工作时会遇到什么问题？

（2）现实生活中，我们搬运大型钢铁的时候是如何做的呢？

意图：通过观看挖掘机实际的工作情况，让学生能够发现挖掘机在搬运钢铁时遇到的实际问题，同时将磁力起重机引入课堂，为学生的设计提供可参考的支架。

2. 明确问题：设计一个磁力挖掘机

同学们，现在有一家废铁处理厂要定制一台能够搬运废铁的磁力挖掘机，这就需要我们对挖掘机进行重新设计，以使挖掘机具有磁性吸附的控制功能。

3. 评价标准

本项目主要从以下三个方面进行评价：①工作效率高；②成本控制相对合理；③设计合理。

（二）准备阶段（60分钟）

本环节的目标是为项目学习的开展做好知识准备和技能准备。

1. 知识准备：认识挖掘机（20分钟）

提问：同学们，你们一定见过挖掘机，有的同学可能还在一些游乐场操作过挖掘机。请和小伙伴们说一说你对挖掘机的认识吧！比如，挖掘机是由哪几部分组成的？它的工作原理是什么？

阅读：挖掘机的相关结构及组成材料。

常用的全回转式液压挖掘机的动力装置、转动系统的主要部分、回转机构、辅助设备和驾驶室等都安装在可回转的平台上，通常称为上部转台。因此又可将单斗液压挖掘机概括成工作装置、上部转台和行走机构三部分。

工作装置——动臂；斗杆；铲斗；液压油缸；联杆；摇杆等

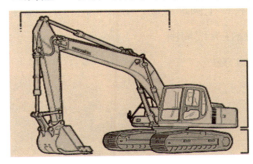

上部转台——发动机；减震器主泵；主阀；驾驶室；回转机构；回转支承；液压油箱；燃油箱；电器部件等

行走机构——履带架；履带；引导轮；支重轮；托轮；张紧装置等

挖掘机是通过柴油机把柴油的化学能转化为机械能，由液压柱塞泵把机械能转换成液压能，通过液压系统把液压能分配到各执行元件（液压油缸、回转马达+减速机、行走马达+减速机），由各执行元件再把液压能转化为机械能，实现工作装置的运动、回转平台的回转运动、整机的行走运动。

图2　挖掘机结构图

意图：让学生认识挖掘机的结构，了解挖掘机的工作原理，在充分了解挖掘机各项结构及功能的基础上进行改进。

2. 技术准备：学习制作电磁铁（40分钟）

导入：1820年，丹麦科学家奥斯特在一次实验中，偶然让通电的导线靠近指南针，发现指南针发生了偏移。就是这个发现，为人类大规模利用电能打开了大门。

制作电磁铁：出示材料，学生对材料进行研讨。

提问：

（1）通电线圈靠近指南针，指针会怎样，说明了什么？

（2）要是把线圈绕在铁钉上，铁钉会被磁化吗？

图3　漆包线　　　　　　　　　　　　图4　铁钉

意图：通过电磁感应现象，让学生了解电生磁就是用一条直的金属导线通过电流，那么在导线周围的空间将产生圆形磁场。导线中流过的电流越大，产生的磁场越强。磁场呈圆形，围绕在导线周围。

技术学习：学习制作电磁铁的方法。

（1）将漆包线两头用沙皮纸打磨光滑，备用。

（2）用漆包线在铁钉上按一个方向缠绕30～50圈。

（3）两端各留出10～15厘米，连接电源。

图5　制作电磁铁

测试：测试制作完成的电磁铁。

（1）连接电源，判断电磁铁是否有磁性？

（2）尝试吸取回形针，数一数可以吸起多少根？

表1　实验记录表

实验次数	第一次	第二次	第三次
吸起回形针个数			

（三）阐述制作（80分钟）

任务一：制作挖掘机（40分钟）

（1）提问：同学们，利用模型开展研究也是科学研究中的重要方法，制作模型需要使用各种材料。同学们，你们觉得下面这些材料可以做成挖掘机上的什么结构？

锥形木条

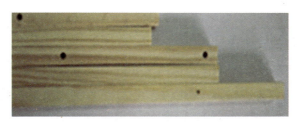

长木条

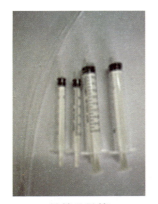

针筒及导管

螺丝钉及螺帽

薄木板

图6　制作挖掘机材料

（2）模型制作：参照制作步骤制作模型。

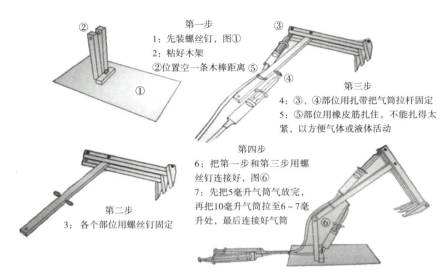

第一步
1：先装螺丝钉，图①
2：粘好木架
②位置空一条木棒距离⑤

第三步
4：③、④部位扎带把气筒拉杆固定
5：⑤部位用橡皮筋扎住，不能扎得太紧，以方便气体或液体活动

第二步
3：各个部位用螺丝钉固定

第四步
6：把第一步和第三步用螺丝钉连接好，图⑥
7：先把5毫升气筒气放完，再把10毫升气筒拉至6～7毫升处，最后连接好气筒

图7　挖掘机制作步骤图

（3）模型测试：通过测试，找出模型存在的问题，分析原因，并对模型进行修改。

任务二：改进挖掘机（40分钟）

1. 改进方案

提问：为了实现在工地、小型工厂搬运钢铁和废铁料，现在需要改进挖掘机，让挖掘机变成磁力挖掘机，可以吸起回形针，吸得越多越好。如果你是一名工程师，你将如何改进和设计一个符合要求的挖掘机呢？

小组合作：根据材料单，先选择需要的材料，控制成本。这些材料都是有成本的，同时各小组的改装成本是50元，请各位同学合理选择材料设计和改装挖掘机。

表2　材料清单表

材料清单		
大铁钉	小铁钉	漆包线
市场价18元/盒	市场价10元/盒	市场价3元/米
购买数量（　　）	购买数量（　　）	购买数量（　　）

续 表

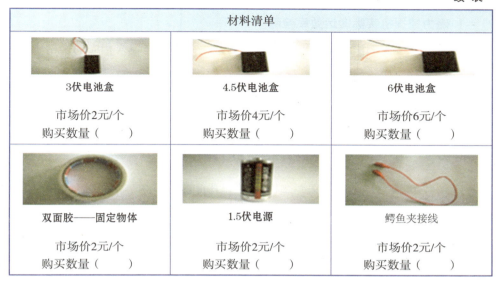

材料清单

3伏电池盒

市场价2元/个
购买数量（　　　）

4.5伏电池盒

市场价4元/个
购买数量（　　　）

6伏电池盒

市场价6元/个
购买数量（　　　）

双面胶——固定物体

市场价2元/个
购买数量（　　　）

1.5伏电源

市场价2元/个
购买数量（　　　）

鳄鱼夹接线

市场价2元/个
购买数量（　　　）

2. 模型制作

小组合作：根据自己小组设计的挖掘机设计图，完成模型制作并测试。

3. 检测改进后的挖掘机

在改装完成后，请测试磁力挖掘机可以吸起多少回形针，测三次，然后将数据填写到表格中，并统计总数。

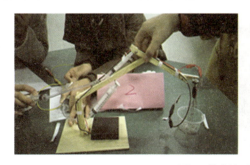
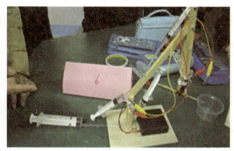

图8　挖掘机磁力测试实验

表3　测试数据填写表

组号	设计成本	吸起回形针个数			
		第一次	第二次	第三次	平均数

（四）展示评价（30分钟）

1. 磁力挖掘机实际搬运效率检测

小组进行"比一比谁搬运得更多"的测试，并将数据填入相应的表格中。

（1）搬运时间5分钟。

（2）搬运距离2米。

评价：各小组工程师对自己的产品进行评价，并填入下面的表格中，最后评估小组本次工程任务是否成功。

表4　STEAM学习评价表

评价要素：学习成果									
主要指标	☆	☆☆	☆☆☆	第一组	第二组	第三组	第四组	第五组	第六组
搬运数量	16个	18个	20个						
成本控制	50元	40~50元	40元以下						
设计操作	设计一般，操作较灵活	设计合理且操作灵活	设计有创意且操作灵活						

2. 经验分享会

请各小组展示汇报，每组5分钟，上台介绍并展示自己小组的磁力挖掘机，重点介绍设计理念、团队分工、执行任务时遇到的困难和解决方法。

（五）拓展提升（10分钟）

请同学们对自己小组设计的挖掘机做进一步修改和设计，让挖掘机的操作更方便，效率更高。

四、体会感悟

1. 厘清S-T-E-M四者之间的相互关系

在进行STEAM活动时，教师要引导学生针对需要解决的实际问题，组成研究小组，制定活动方案，这也是工程学中的核心思想，并将作为整个活动的主线。在活动整个过程的开展中，数学思维、数学方法要贯穿整个活动，为活动的开展提供依据。科学则在活动开展中提供理论依据和研究方法，为活动的开展提供直观载体和理论依据，技术为整个活动做保障。

2. 创建必要的教学活动条件

第一，提供给学生一个轻松的学习氛围。

第二，在教师调查统计完学生掌握的概念后，应该为学生提供能够完成活动的材料和设施。例如，在上《我的挖掘机》这一课时，教师需要提前为学生准备上课的材料，同时需要对材料进行筛选，保证材料的简单化和可操作性。

第三，帮助学生建立深厚的基础知识和一个强大的概念框架，使他们能够组织信息，并将其转化为可用的知识。

3. 适应教学活动中的多变角色

教师作为活动的组织者，可以和学生一同完成活动的设计、制作、交流、评测的整个过程，并且在此过程中，教师应尽可能让学生提出问题并尝试解决。在讨论和交流的过程中，教师可以作为参与者，适时评价学生的作品，引导学生正确评价别人的作品。因此，活动中的教师也是活动的参与者，与学生共同作为活动的主人，共同进行整个教学活动。但是教师因其身份特殊，在学生遇到问题时，还要作为引导者，引导学生运用合理的方法来解决问题。

🧑 专家点评

该活动是小学科学教材内容的STEAM项目，要解决的问题来源于现实场景。通过挖掘机将液压系统、电磁铁学习和电路图知识巧妙地融入该项目中，科学知识的学以致用使得学生学习兴趣浓厚。整个项目以任务驱动方式展开和实施，将技术、工程融入学习中，发展学生的探究能力并优化学生的思维。因此，这是一个有意义、可实施的STEAM项目。

整个项目活动按照学生的认知水平层次展开，由发现挖掘机在搬运钢铁时遇到的实际问题，引出任务"改进挖掘机，使其能够搬运废弃的钢铁"，驱动教学；利用电磁起重机知识为学生设计搭好"脚手架"；通过制作液压挖掘机、设计和制作磁力挖掘机等环节让学生尝试着像工程师那样思考问题和解决问题；通过"实际搬运效率大比拼"和"设计强磁力挖掘机"的环节不断优化

155

学生的思维。在解决问题的过程中，引导学生学习综合考虑工程领域的全局意识、成本意识等，整个项目结构合理、层次分明。

——湖州市南浔区教学研究与培训中心　沈莉芳

神奇的走马灯

湖州市吴兴区八里店镇常路学校　倪悦端

一、项目设计

（一）项目介绍

"神奇的走马灯"是一项基于STEAM理念的项目活动，该项目适用于小学5~6年级。此项目以特色民间工艺品——走马灯为主题，运用多媒体、实验操作等技术，设计图纸，动手完成走马灯的制作，以培养学生的成本意识，提高学生统筹规划能力以及解决实际问题的能力，全面提升学生的STEAM综合素养。

（二）学习目标

1. 科学（S）

（1）了解空气流动使得风车转动的原理。

（2）知道热空气上升、冷空气下沉形成的气流能推动叶轮转动。

2. 技术（T）

（1）能够设计方案，绘制模型图，使走马灯制作有案可依。

（2）能够利用身边合适的材料完成走马灯的工程设计。

3. 工程（E）

（1）按照设计图完成走马灯的制作。

（2）能够测试走马灯的使用效果，优化改进所制作的走马灯。

4. 数学（M）

（1）学会根据价格选择合适的制作材料，核算出最佳的组合方案。

（2）能够运用一些数学知识使走马灯对称分布、平稳转动。

5. 艺术（A）

（1）绘制出清晰、直观和美观的设计图，培养学生绘制图表的习惯。

（2）能够美化走马灯的外观，让走马灯更加精致、美观。

课标链接：能在好奇心的驱使下，表现出对现象和事件发生的条件、过程、原因等方面的探究兴趣。

（三）教学准备

1. 材料准备

材料：纸杯、卡纸、棉线、蜡烛、火柴、铜丝、铁丝、子母扣、木棒、小玻璃瓶。

工具：彩笔、胶带、双面胶、剪刀、小刀、锥子。

2. 安全教育

在制作时，要小心使用小刀、剪刀、锥子等工具，注意安全，以防伤到自己和他人。

（四）课时安排

"神奇的走马灯"STEAM项目学习一共分为五课时，具体课时安排如下：

第一课时：40分钟"认识与了解"。（提出问题、知识准备）

第二课时：40分钟"使风车转起来"。（技能准备）

第三课时：40分钟"热空气和冷空气"。（技能准备）

第四课时：60分钟"设计与制作""展示与评比"。（完成任务一）

第五课时：60分钟"评价与改进""改进后的作品展示"。（完成任务二）

二、项目流程

本STEAM项目实施过程主要分为以下四个部分，每个部分都有对应的课时，具体实施过程分述如下：

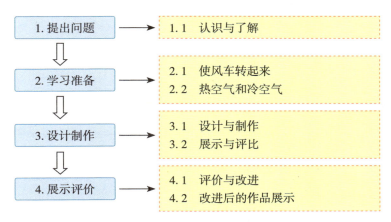

图9　STEAM项目实施流程图

三、项目实施

（一）问题情境

1. 创设情境导入（40分钟）

播放元宵节灯会视频，引出灯展中最具特色的灯——走马灯。走马灯为什么能转起来？它们是怎么制成的？

2. 提出任务：制作走马灯（30分钟）

观察：出示各种走马灯的图片和走马灯转动时的3D动图，让学生观察走马灯的结构。

讨论：你观察到了什么结构？你觉得它的作用是什么？它可以分成哪几个部分？什么情况下走马灯会转动？什么情况下走马灯不转动？蜡烛点燃以后，蜡烛上方的空气会有什么变化？它的动力来源是什么？

意图：通过观察，了解结构，为制作走马灯奠定基础。

明确问题：其实走马灯的构造并不复杂，我们来试着制作走马灯吧！

3. 评价标准

帮助学生明确接下来研究和设计制作的评价标准，让学生在执行项目的过程中能够以此为导向来审视自己小组的项目。

表5 评价标准表

旋转效果	（1）旋转平稳 （2）转速可调
操作方面	具有一定的机械性能
美观方面	走马灯外观好，有恰当的装饰
成本方面	所选材料及使用材料方式均达到最大性价比
表达方面	用准确的语言表述作品的特点

（二）准备阶段

1. 知识准备（15分钟）

视频：孔明灯飞上天的视频。

提问：孔明灯为什么能飞上天？

意图：引导学生关注孔明灯上升的动力来源，思考其中的原理。明白"热空气上升"是孔明灯飞上天的关键原因。

讨论：走马灯转动与孔明灯飞上天有哪些相似之处？

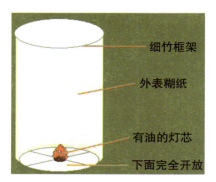

图10 孔明灯

2. 技能准备："热空气上升"体验（25分钟）

小组合作：取两个相同大小的轻质塑料袋，一个用吹风机吹入热风，另一个吹入等量的冷风，同时扎紧袋口，并放手，观察现象。

讨论：装有热空气的塑料袋如何运动？装有冷空气的塑料袋如何运动？对于热空气、冷空气的运动规律，你有什么发现？

交流：说说体验中的感受，交流获得的结论。

3. 技能准备：调节风车转速（40分钟）

小组合作：每人用卡纸、大头针、硬吸管等材料制作一个风车。转动风车，比一比谁的风车转得更快？

交流：为什么有的风车转得快，有的风车转得慢？

改进：根据交流所得经验，改进自己的风车，使风车转得更快。

意图：通过活动，让学生认识风车转动速度与风力、叶片多少、叶片偏转角度的关系，让学生学会选择合适的方式调节风车上叶轮的转动速度。

（三）设计制作（80分钟）

任务一：设计制作走马灯（80分钟）

1. 提出设计方案

提问：制作一个走马灯，需要考虑哪些细节？

意图：通过提问，发散学生思维，让学生在结构、转动、外形上对走马灯有大致了解，有利于接下来的设计。

小组合作：以小组为单位，从教师提供的材料中选择所需要的材料，利用所学知识，设计一盏走马灯。

交流：相互评价和质疑走马灯的设计，提升走马灯制作的可行性。

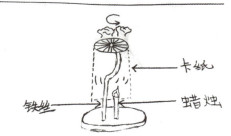

图11　走马灯设计图

改进：根据交流改进自己小组的设计。

2. 初步建模：制作走马灯

小组合作：根据设计，结合旋转和转速改变的原理，制作走马灯。

图12　制作走马灯

3. 模型检测

测试：从外观、稳固性等方面观察模型，并点燃蜡烛，看走马灯是否能正常转动，并评价转动效果。

4. 改进模型

根据测试结果，分析设计完成的走马灯存在什么问题，并进一步改进。

任务二：让走马灯转得快一些或慢一些（60分钟）

提问：刚才有的小组的走马灯转得很快，有的小组的走马灯转得很慢，那么能不能让转得快的慢一点，转得慢的快一点呢？

讨论：改变速度的方法。

小组合作：通过改变叶轮等方法改变走马灯的转速。

（四）展示评价（30分钟）

走马灯展：各小组依次展示作品，并说说自己小组走马灯的优缺点。

表6　STEAM学习评价表

\"我们的表现\"评价汇总表				
评价	类别	章节	活动内容	评价星数
过程性评价	讨论活动	1.1 "认识与了解"	走马灯的组成部分、动力来源等	☆☆☆☆☆
	探究活动	2.1 "使风车转起来"	风车转动速度与风力大小的关系	☆☆☆☆☆
		2.1 "使风车转起来"	风车转动速度与叶片多少的关系	☆☆☆☆☆
		2.1 "使风车转起来"	风车转动速度与叶片偏转角度的关系	☆☆☆☆☆
		2.2 "热空气和冷空气"	"热空气上升"实验	☆☆☆☆☆
	展示活动	3.1 "设计与制作"	"我们的走马灯"成绩汇总单	☆☆☆☆☆
总结性评价		4.2 "改进后的作品展示"	"我们的走马灯"展示	☆☆☆☆☆
总　计				35颗 ☆
整个项目学习我们共获得_____颗☆！				

（五）拓展提升（10分钟）

家庭STEAM：传统的走马灯是利用蜡烛燃烧时产生的热空气实现向上运动的，如果想使走马灯更加环保、旋转更长时间，该如何设计？

四、体会感悟

"神奇的走马灯"STEAM课程是基于传统文化开发的项目，是对中华民族智慧的渗透教育。走马灯为什么能转起来？古代没有电动机，人们是利用什么自然原理完成这样有意思的作品的呢？学生对此很感兴趣，这也是本项目得以实施的内驱力。

为了理解走马灯能够转起来的原理，我们先要理解"热空气上升"这个简单的原理，而"孔明灯"正是利用了这个原理，项目得以嫁接。学生先理解孔明灯上升的原理，尝试着去做孔明灯，为后期走马灯的制作打下基础。

走马灯的转速如何调节？这个问题是在走马灯制作要求之上的，也是难题。我们利用风车叶片大小、角度的调整来改变风车的转速，从而解决走马灯转速调节的问题。

可以通过这样的项目实践，学生的思维、技能等得到综合锻炼，综合素养得以提升。

专家点评

该STEAM项目以特色民间工艺品——走马灯为主题，以自己动手制作和完成走马灯为任务，驱动整个项目的实施。该项目以学生兴趣为出发点，将科学、技术、工程、艺术和数学有效融合，在利用身边的材料设计、制作走马灯的过程中培养学生的工程思维和设计能力，在改进和优化中不断提高学生思维发展水平。因此，该项目有较强的实施价值。

项目设计有层次，教学思路清晰。由灯展中最具特色的灯——走马灯，激发学生兴趣，引发思考：走马灯为什么能转起来？它们是怎么制成的？进而引导学生"认识与了解走马灯"。"热空气和冷空气"和"使风车转起来"为学生"设计与制作走马灯"提供了知识和技能准备。项目实施过程中引导学生发现走马灯转动的秘密——空气动力，从而让学生学会走马灯的转速调节。活动前出示"评价指标"，使学生在整个项目学习中目标明确、思路清晰，也使得"评价与改进"环节更具针对性。整个项目按学生的认知水平层次由低到高布置任务，在层层递进的实践中提升了学生的综合能力。

——湖州市南浔区教学研究与培训中心　沈莉芳

饭盘大作战

湖州市吴兴区第一小学　王鑫芽

一、项目设计

（一）项目介绍

"饭盘大作战"是基于解决学生午餐保温问题而形成的STEAM项目。在项目实施过程中，学生会对如何解决饭菜易冷的问题产生浓厚兴趣，并且在充分思考交流的基础上，学习热传递知识，了解各种材料的保温能力，掌握各种加工工具的使用技巧，学会数据处理和比较方法等各种本领。最终，学生获得了如何计划和解决问题的宝贵经验，在实践中，学生的多方面素养得到综合发展，这是一项非常值得开展的STEAM项目。

（二）学习目标

1. 科学（S）

（1）了解热传递。

（2）了解热的不良导体，可以减慢物体热量的散失。

2. 技术（T）

（1）能够用微型机床对一些材料进行切割和打磨。

（2）能够用热熔胶枪来黏合一些材料。

（3）能够用工具制作出一个简易的保温装置。

3. 工程（E）

（1）能绘制保温装置的设计图纸。

（2）体会产品生产的工程技术流程。

（3）了解工程中的成本因素。

（4）通过不断分析，改进自己小组的产品。

4. 数学（M）

（1）能对数据进行记录。

（2）能对数据进行对比分析。

（3）在数据分析中发现问题。

5. 艺术（A）

在节约成本的基础上，提升自己产品的艺术审美性。

课标链接：知道热的不良导体，可以减慢物体热量的散失；知道热通常从温度高的物体传向温度低的物体。

（三）教学准备

1. 材料准备

材料：海绵、泡沫板、纸板、棉花、布、铝箔气泡膜、铝箔布、保鲜膜、密封袋、透明胶和热熔胶。

工具：温度计、秒表、微型机床、热熔胶枪、直尺、铅笔、橡皮。

其他准备：PPT、视频、图片、教具等。

2. 安全教育

（1）在使用微型机床和热熔胶枪的过程中要注意安全。

（2）在测试过程中如遇温度计破碎要及时报告。

（四）课时安排

"饭盘大作战"STEAM项目学习一共分为四课时，为保证项目的连贯性，建议实施环节以长课时进行，具体课时安排如下：

第一课时：40分钟。（问题情境、准备阶段）

第二、三课时：80分钟。（完成任务一、任务二）

第四课时：40分钟。（展示评价、拓展提升）

二、项目流程

本STEAM项目实施过程主要分为以下五个部分，每个部分都有对应的课时，具体流程如下：

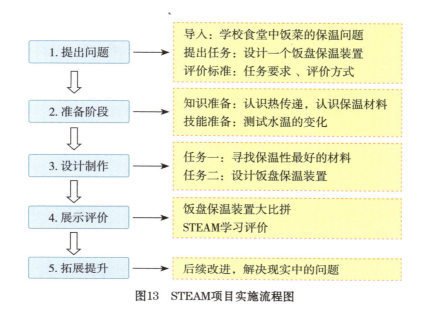

1. 提出问题 → 导入：学校食堂中饭菜的保温问题
提出任务：设计一个饭盘保温装置
评价标准：任务要求 、评价方式

2. 准备阶段 → 知识准备：认识热传递，认识保温材料
技能准备：测试水温的变化

3. 设计制作 → 任务一：寻找保温性最好的材料
任务二：设计饭盘保温装置

4. 展示评价 → 饭盘保温装置大比拼
STEAM学习评价

5. 拓展提升 → 后续改进，解决现实中的问题

图13 STEAM项目实施流程图

三、项目实施

（一）提出问题（15分钟）

1. 导入：学校食堂中饭菜的保温问题

每当上午最后一节课下课之后，同学们总是以最快的速度赶去食堂就餐。但随着冬季的来临，大家拿到手中的饭菜还是很快就变冷了。亲爱的同学们，你们有这样的困扰吗？你能不能帮助大家解决这个问题呢？

2. 提出任务：设计一个饭盘保温装置

学生根据现实中遇到的问题，以小组为单位，选定两种材料，设计并制作一款具有保温作用的装置，最后测试该装置是否具有保温能力。

3. 评价标准

主要考量饭盘保温装置的保温效果和制作的美观程度。提醒学生在设计及制作装置时始终以评价标准为导向来审视自己的作品。

（二）准备阶段（25分钟）

1. 知识准备

任务：认识热传递。

提问：你们知道餐盘里的食物为什么会变冷吗？

意图：大部分学生认为饭菜变冷是受到外界因素的影响，而没有考虑到饭菜自身会把热量传递给其他温度较低的物体，需要帮助学生理解热传递的原理，为后面的作品设计提供知识准备。

2. 知识准备

任务：认识保温材料。

提问：你之前见过怎样的隔热保温材料？

意图：引导学生思考平时我们用到的保温材料，如毛毡、铝箔气泡膜等，以及人们用来保温的毛毯、泡沫、棉花等。

讨论：暖宝宝保温吗？

意图：在讲到保温材料时，学生会提到冬天时可以用暖宝宝来提供热量，因此在这里要向学生进行讲解：①暖宝宝是加热材料，并不是保温材料；②暖宝宝确实可以让饭菜的温度提高，但暖宝宝不能重复使用，一方面成本提高，另一方面也浪费资源。因此暖宝宝不适合作为本项目的实验材料。

3. 技能准备

任务：测试水温的变化。

讨论：我们怎样测试水温在一段时间内的变化？

意图：在这个测试中，让学生学会使用温度计和秒表。

（三）设计制作（80分钟）

任务一：寻找保温性最好的材料

1. 提出设计方案

提问：我们如何测试哪种材料的保温性最好？

小组合作：小组讨论确立测试材料保温性的实验方法。

意图：通过讨论，最后确定用以下流程来测试哪种材料保温性最好：①选择灵敏程度差不多的温度计共7支；②准备装有50 ℃水的热水袋共7个；③分别用7种材料做成袋子装热水；④使用秒表记录5分钟；⑤5分钟后，测量热水袋里热水的温度，并记录在相应的记录单中；⑥为了避免偶然性，再重复两次实验。

2. 制作模型

小组合作：根据实验设计，将每种材料做成相应的保温袋。

3. 测试模型

测试：学生分组测试各种保温袋的保温性，将结果记录在本组相应的记录单中。

交流：各组将结果抄录到班级汇总单中，对比各组，分析和讨论。

提问：大家得到的结果都是一样的吗？为什么会出现不一样的结果？

意图：大家通过比较实验结果，找到问题数据，从而审视自己小组的实验是否存在问题。

任务二：设计饭盘保温装置

1. 提出设计方案

提问：你们打算制作一个什么样的饭盘保温装置？

意图：通过问题激发，让学生的脑海中初步勾勒出要制作的饭盘保温装置的雏形。

提问：为方便各组对比，保温装置要统一哪些规格参数？

意图：通过师生协商，确立保温装置的尺寸为长20厘米、宽15厘米、高8厘米。

小组合作：根据任务一研究所得的决定，选择两种材料，以小组为单位设计饭盘保温装置。

2. 制作模型

小组合作：小组根据设计制作饭盘保温装置模型。

3. 测试模型

测试：在保温装置中放入50 ℃的热水袋，每隔5分钟测试一次水温的变化，共测试3次，将结果记录在本组相应的记录单中。另外再安排一名成员将结果抄录到班级汇总单中，以便于其他组进行分析。

4. 改进装置，提升保温性

讨论：结合其他组的设计，如何改进本组的装置，使得装置的保温效果进一步提高？

小组合作：根据讨论所得，在原有基础上改进自己小组的饭盘保温装置。

（四）展示评价（30分钟）

饭盘保温装置大比拼：全体小组同时进行测试，并将结果抄录到班级汇总单中，最后对比各组数据，对各组的汇报情况进行交流。

表7　STEAM学习评价表

评价要素：学习成果				第一组	第二组	第三组	第四组	第五组	第六组
主要指标	☆	☆☆	☆☆☆						
保温效果	5分钟内降温10 ℃以上	5分钟内降温7~10 ℃	5分钟内降温不超过7 ℃						
美观程度	不够美观，保温材料粘贴不整齐	美观性一般，保温材料粘贴整齐	美观，保温材料粘贴整齐						

（五）拓展提升（10分钟）

讨论：小组之间为什么会有差别呢？同样的装置为什么还有差别呢？保温效果还跟哪些因素有关？

明确：请大家在课后继续进行研究，希望能真正地帮助同学们解决饭菜变冷的问题。

四、体会感悟

在本次STEAM案例中，学生发现了冬季就餐时饭菜容易变冷的情况——这是一个在实际生活中经常会遇到的问题。经过教师的适当引导、学生的积极思考，我们逐步得出了解决饭菜变冷的方法并开展了具体操作：首先寻找优良的保温材料，然后制作合适的保温装置，最后进一步改良保温装置的性能。

STEAM项目的自由度较高，在实际操作过程中，还是存在着一些问题。一是学生在实际操作中需要用到一些材料，而这部分材料可能造价偏高，学校无法购买，只能找些其他材料替代，使得学生的想法不能完全实施和实现。二是在一些工具的使用上，如在切割材料的过程中，操作具有一定的风险性和安全隐患，在缺乏足够监管的情况下，我们不能真正放手让学生独立完成。

　　尽管有一些缺憾，但在这个STEAM项目操作过程中，学生对如何解决身边的问题产生了浓厚的兴趣，并且在充分思考交流的基础上，学习了热传递知识，了解了各种材料的保温能力，掌握了各种加工工具的使用技巧，学会了数据处理和比较的方法等各种本领。可以看出，整个案例融合了科学、技术、工程和数学知识，让学生获得了如何计划和解决问题的宝贵经验，促进了学生科学素养的综合发展，是一个非常值得开展的STEAM项目。

专家点评

　　该项目来源于生活，基于现实问题的解决，采用的研究方法是适合学生的。在项目研究中，学生会对如何解决身边的问题产生浓厚的兴趣，学生将获得如何计划和解决问题的宝贵经验，同时也给"冬天饭菜容易变冷"这一现实问题提供了研究参考，是一项可实施、有意义的STEAM项目。

　　项目设计由真实问题"冬天饭菜容易变冷"引出要解决的问题，即找到饭菜变冷的原因，认识热传递，进而认识保温材料，从而提出了"设计一个饭盘保温装置"这个设计项目。项目逐步进入科学探究阶段，用对比实验的方法研究不同材料的保温性能，寻找保温性最好的材料。项目还结合工程、设计和技术，制作饭盘保温装置，通过交流评价，改进装置。最后，项目进行到按照评价要素进行饭盘装置保温大比拼，在保温大比拼中引导学生思考和分析，鼓励学生不断改进项目学习，延伸到课外。整个项目活动层层深入，具有结构性和可操作性。

──湖州市南浔区教学研究与培训中心　沈莉芳

减震行动

湖州市吴兴区第一小学　沈肖翔

一、项目设计

（一）项目介绍

"减震行动"是一项基于STEAM理念的项目活动。项目融合了科学、技术、工程、艺术和数学五门学科知识，运用数学测量技术、实验操作技术、工程设计技术等手段，辅以美术绘图、数学建模、产品运用范围思考等解决现实问题。整个项目活动按照学生的认知水平层次由低到高布置任务，在层层递进的实践中，不断提高学生的学习水平，培养学生的探究能力，全面提升学生的STEAM综合素养。

（二）学习目标

1. 科学（S）

（1）认识磁铁磁极的性质。

（2）了解磁悬浮列车的设计原理。

2. 技术（T）

（1）掌握简单的木棒和木板的加工工艺。

（2）能够用微型机床对木材进行切割、打磨等处理。

3. 工程（E）

（1）体会产品生产的工程技术流程。

（2）学会在加工前对材料进行合理规划。

4. 数学（M）

（1）能够灵活运用数学知识测量工具。

（2）能够对所需材料的长度和面积进行精确测量。

5. 艺术（A）

学会对模型进行美化处理。

课标链接：在科学知识目标上，知道磁铁有同极相斥的性质，知道磁性的强弱与磁铁的数量有关；在科学探究目标上，能基于现有的材料，设计出合理的模型并画出设计图，能基于设计的模型图，制作出初步的模型，并制定比较完整的测试方案，初步具备实验设计的能力和控制变量的意识，并能设计单一变量的实验方案；在科学态度目标上，能大胆想象，提出不同的设计思路，采用合适的方法，完成探究、设计与制作，培养学生的创新精神。

（三）教学准备

1. 材料准备

材料：木棒、厚木板、薄木板、木胶、液体胶。

工具：环形磁铁、直尺、卡尺、铅笔、橡皮、盒子、塑料小球。

特别的工具：微型机床。

2. 安全教育

要特别强调微型机床的使用方法和注意事项，避免学生受伤。

胶水要合理使用，不然会影响模型的美观。

（四）课时安排

"减震行动" STEAM项目学习一共分为五课时，具体章节和课时安排如下：

第一、二课时：80分钟。（提出问题、准备阶段）

第三、四课时：80分钟。（设计制作：任务一、任务二）

第五课时：40分钟。（展示评价、拓展提升）

二、项目流程

本STEAM项目实施过程主要分为以下五个部分，每个部分都有对应的课时，具体实施过程分述如下：

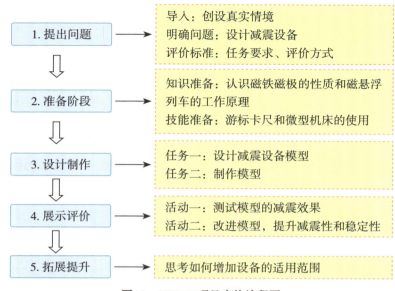

图14　STEAM项目实施流程图

三、项目实施

（一）提出问题（10分钟）

1. 导入：创设真实情境

学校每周都会给同学们提供新鲜的水果，但在运输中因震动过强的原因会导致一些水果损坏，那么我们该如何解决这个问题呢？

意图：由情境引入，抛出要解决的问题。然后让学生讨论，说说可以解决问题的方法。

2. 提出任务：利用磁悬浮原理减少震动

教师引导学生回忆，在生活当中坐过哪些交通工具，如自行车、电动车、汽车、公交车、高铁等。它们是靠什么来减少震动的？哪一种最平稳？颠簸最少？

意图：联想实际生活得出可以利用磁悬浮减震的方法。

明确问题：设计制作磁悬浮减震装置。

3. 评价标准

帮助学生明确接下来研究和设计制作的评价标准，学生在执行项目的过程中能够以此为导向来审视自己小组的项目。

表8　评价标准表

减震效果	测试时掉落的小球少
操作方面	能较熟练地使用测量工具和微型机床
美观方面	模型外观整洁，木材表面较光滑
成本方面	所选材料及使用材料方式均达到最大性价比

（二）准备阶段（70分钟）

1. 知识准备

提问：磁悬浮列车利用了什么原理？

意图：磁悬浮列车中的乘客感受不到很强的震动感，原因就是它与铁轨是分离的，学生可以从磁悬浮列车的原理中联想到磁铁同极相斥的原理，通过这个原理将水果悬浮在空中，可以减少硬性碰撞。

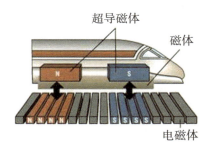

图15　磁悬浮列车结构

2. 技能准备

任务：使磁铁悬浮起来。

提问：给你两块环形磁铁，你有什么办法让磁铁悬浮起来并使其保持平衡？如果不行，你可以借助什么物品？

磁铁

木棒

图16　实验材料

取三根粗细不同的木棒，其中一根的粗细与环形磁铁的直径差不多。将环形磁铁同极相对分别套入木棒，比较哪根木棒能使环形磁铁悬浮并保持平衡。

细木棒套入磁铁

中木棒套入磁铁

粗木棒套入磁铁

图17　实验步骤

结果研讨：环形磁铁中间插一根木棒才能悬浮并保持平衡，为什么？

用哪根木棒时磁铁悬浮得最平衡？为什么？

意图：通过实验，让学生明白由于重心的不稳定，只用两块磁铁是很难悬浮的，因此在环形磁铁的中间插入一根木棒可以让重心稳定。但木棒的粗细也影响悬浮的稳定程度，因此要让学生知道选择粗细适当的木棒才能使磁铁悬浮得更平衡。

3. 技能准备

任务：用游标卡尺测量木棒的直径。

表9　测量记录表

木棒	木棒1	木棒2	木棒3
直径			

结果研讨：在测量的过程中，你遇到了哪些困难？你有什么秘诀想和大家分享吗？

意图：学生对直尺这个测量线段长短的工具很熟悉，但要测量一个圆的直径就比较困难了。因此，让学生学会使用游标卡尺，给测量直径提供了许多方便，今后学生在生活中碰到类似的情况也会想到使用游标卡尺来进行测量。

4. 技能准备

任务：制作一块正方形挂牌。

切割 打磨 钻孔

图18 制作挂牌过程

实践：学生在教师的协助下认识微型机床，并知道微型机床可以对木头进行哪些加工；知道微型机床的使用方法和注意事项，保证学生在操作过程中的安全性；制作一块正方形挂牌，对使用方法进行练习，得出使用心得。

（三）设计制作（80分钟）

任务一：制作减震模型

1. 提出设计方案

提问：上面我们知道了让磁铁悬浮起来的方法，也学习了一些特殊工具的使用，请你说说，你想制作一个怎样的模型呢？怎么做呢？

小组合作：画出模型的设计图，并将所需材料和制作步骤列出来。

2. 初次建模：制作减震模型

小组合作：学生根据设计图和制作步骤制作模型。教师全班巡视，对学生出现的问题予以及时指导。

图19 减震模型

3. 测试模型：减震效果检测

提问：我们的模型做好了，怎样来检验它的减震效果呢？选择一种材料来代替水果，哪种比较合适呢？

图20　减震模型效果检测

意图：选择合适的材料来代替水果进行测试。弹珠太重，而方木块的形状不符合水果的一般形状，因此选择较轻的圆形空心塑料小球比较合适。

检测：将小球装在透明的塑料盒中，将透明的塑料盒放在模型上，再用小车运着模型在不平整的路面上运动。在测试中掉落的小球数越少，证明模型的减震效果越好。

4. 发现新问题

提问：你们的装置减震效果好吗？

思考：什么原因影响了减震效果？

意图：让学生在测试过程中发现自己制作的模型的缺陷，知道磁铁的排斥力太小，无法支撑起运输平台和上面的材料；木棒和环形磁铁间的摩擦力太大；磁铁的磁性大小不同，导致运输平台不是水平的，这些因素都会影响减震效果。

任务二：改进减震模型

1. 改进方案

此环节组长要对整个制作过程承担责任，知道选择方案可能最终不成功，明白决策方案必须承担一定的风险，增强团队合作力和专注度。

讨论：磁铁的排斥力太小，怎样增加磁铁的磁性呢？

木棒和环形磁铁间的摩擦力太大，影响摩擦力大小的因素是什么呢？

有些小组模型的运输平台不是水平的，有什么办法解决吗？

小组合作：各组根据作品存在的问题，选择合适的方法，改进制作方案，让模型的稳定性和减震效果都能得到提高。

2. 改进制作

小组合作：根据改进方案，在原有的模型上进行部分修改，让自己小组的模型能在性能上达到最佳状态。

3. 测试模型

按照任务一中模型的测试方法测试改进后的模型。

（四）展示评价（30分钟）

1. 模型成果展

各组依次展示减震模型，并从减震效果、成本、美观等方面评价自己小组的减震模型。组与组间相互质疑和提出意见。

2. 总结性评价

表10　学习成果展示表

主要指标	☆	☆☆	☆☆☆	1组	2组	3组	4组	5组	6组	7组	8组
运输平台的平衡程度	很倾斜	稍倾斜	水平								
掉落的小球数	3~4个	1~2个	0~1个								
创新思维	缺乏创造力和想象力，没有突破	创造的物品较有想象力	材料的使用方式极富创造性，并且合理								
各小组得分											

（五）拓展提升（10分钟）

思考：日常运输的水果太重，会导致什么后果呢？

如果途中卸掉一些水果，怎样保持平台原有的高度呢？

不同的路况，对设备的要求一样吗？

家庭STEAM：设计真实可用的水果减震装置。

四、体会感悟

在这个STEAM项目当中，学生先从一个实际的问题——水果运输途中的损伤出发，思考造成水果损伤的原因，得到要减少水果颠簸的结论。教师用磁悬浮列车的例子稍加引导，让学生联想到利用磁铁的性质对运输水果的装置进行减震，因此需要借助一些材料进行设计并制作一个模型，最后对模型的减震效果进行测试，并对其进行优化和改进。但实际情况是多变的，如何让装置能够适应不同的情况是学生需要后续思考的一个问题。

在整个过程中，学生的思维能力、创造能力，特别是动手能力都会得到一定的提升，他们知道要制作一件物品必须从整体上去设计，不能走一步看一步，只有将各个细节都设计好，才能减少时间，减轻工作量。同时，学生也学会了使用一些加工工具，为今后解决生活中的实际问题奠定了基础。

其实，每个工匠都是一位STEAM项目大师，他们在设计并制作一件物品时，恰恰运用到了STEAM的理念，所以，在项目中，只有让学生成为一名小工匠，让学生自己去设计、去制作、去改进、去总结，解决生活中的实际问题，这样的教学活动才能真正称得上是STEAM教育。

🧑 专家点评

该STEAM项目要解决的问题来自现实，将项目学习内容与小学科学磁铁、摩擦力等学习内容进行整合。采用的研究方法是适合学生的，项目任务与评价标准明确，学生能够自主研究并有所发现，会对如何解决身边的问题产生浓厚的兴趣。

项目设计中基于解决水果运输过程中因颠簸而损伤的问题，结合磁悬浮列车行驶过程中震动很小这一现象为学生设计"减震小车"搭好了脚手架。由真实场景"水果颠簸损伤"引出要解决的问题，除了使路面变平整这个办法外，解决颠簸问题的新办法便是给小车减震，从而提出了"减震行动"这个STEAM项目学习任务。磁铁知识的准备和工具使用技术的准备为设计和制作减震小车奠定了基础。在减震效果检测过程中，学生用控制变量法研究各组小车的减震效果，学习分析影响减震效果的因素，进而改进方案和改进制作，体验真实的工程设计流程，在制作粗细合适的木棒过程中体验了工匠精神。让学生成为一名小设计师、小工匠，试着去解决生活中的实际问题，这样的项目学习对于学生的素养提升是有益的。

——湖州市南浔区教学研究与培训中心　沈莉芳

第四章　运动与力

保护鸡蛋的降落伞

湖州市月河小学教育集团　陈琳

一、项目设计

（一）项目介绍

"保护鸡蛋的降落伞"是一项基于STEAM理念的项目活动，该项目适用于小学5～6年级。此项目以降落伞为主题，让学生体验降落伞运送物资的过程。本项目能培养学生的成本意识、统筹规划意识、探究优化思维并提高学生解决问题的能力，全面提升学生的STEAM综合素养。

（二）学习目标

1. 科学（S）

（1）知道降落伞的结构，了解空气阻力、材料特性。

（2）会用相关知识分析影响降落伞下降速度的因素。

（3）知道制作保护装置材料的结构和功能之间的联系。

（4）学会用控制变量法来开展实验探究。

2. 技术（T）

能利用简单的工具制作降落伞模型和保护装置，并能进行性能测试。

3. 工程（E）

依据一定的科学原理设计降落伞，并根据设计图纸制作降落伞和保护装置，会从工程的角度选择最佳方案。

4. 数学（M）

能根据材料的价格计算出成本，会分析数据，选择最佳设计方案。

5. 艺术（A）

能绘制出清晰、直观和美观的降落伞设计图，养成绘制图表的习惯，学会美化模型的外观。

课标链接：

科学目标：①知道力的存在，了解空气阻力的概念。②知道常见的材料和材料的特性，如韧性、硬度等。

过程与方法目标：能运用控制变量法进行科学探究。

情感态度价值观目标：知道制作产品需要控制成本，有精打细算的意识，能从解决问题的过程中有所收获。

（三）教学准备

1. 材料准备

材料：塑料薄膜、一次性杯子、橡皮筋、布料、海绵、棉花、双面胶、透明胶、塑料泡沫、生鸡蛋、熟鸡蛋、棉线、报纸、彩色笔、钩码等。

工具：剪刀、小刀、PPT、视频、图片、教具等。

2. 安全教育

在制作时，要小心使用小刀、剪刀等工具，注意安全，以防划伤手指。

（四）课时安排

"保护鸡蛋的降落伞"STEAM项目学习一共分为七课时，具体课时安排如下：

第一课时、第二课时：40分钟"认识与了解""体验空气阻力和缓冲作用"。（提出问题、知识准备）

第三课时、第四课时：120分钟"设计制作降落伞""比一比谁更慢"。（技能准备）

第五课时、第六课时：120分钟"设计制作鸡蛋保护装置""比一比谁保护得最好"。（了解控制变量法，完成任务一、任务二）

第七课时：40分钟"比一比谁的性价比高"。（展示评价、改进提升）

二、项目流程

本STEAM项目实施过程主要分为以下五个部分，具体实施过程分述如下：

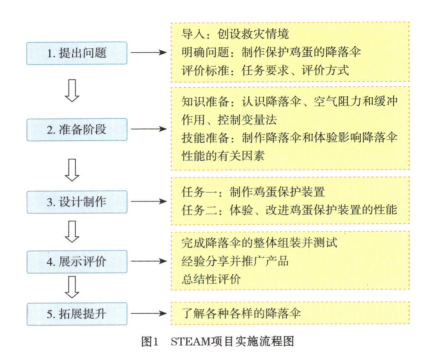

图1　STEAM项目实施流程图

三、项目实施

（一）提出问题（20分钟）

大家可能对地震都有一定的了解，地震过后，首要任务就是救援，在食物、药品匮乏、路面受损不能通车的情况下，我们该如何运送物资呢？这时候，只能采取用直升机空投的办法来解决燃眉之急。那怎样才能让空投的物资慢慢地降落呢？里面的易碎物品怎样才能不破碎？当然要用到降落伞，同时我们还要将这些物资进行包装、保护，这样才能让物资缓缓地、安全地降落到灾区最需要的地方。

1. 导入：创设情境

学生通过观看地震救灾视频，了解降落伞的重要意义，并从中知道要安全运送一些物资到灾区指定的地方就必须让降落伞下降得慢一点，保护装置的缓冲能力要强一些。接着，引出真实情境，我们国家地震指挥中心需要购买一批降落伞，并且对降落伞的质量有明确的要求，激发学生想做出合格降落伞的兴趣。

2. 明确问题：设计保护鸡蛋的降落伞

根据国家要求，我们设计的降落伞必须能缓慢下降，并且能让物资完好无损地着陆，那么降落伞和物资保护装置的设计可以从哪些方面考虑改进？学生们以小组为单位，选择教师提供的材料制作一款符合国家标准的保护鸡蛋的降落伞，并测试其是否能达到要求。

3. 评价标准

帮助学生明确接下来研究和设计制作的评价标准，学生在执行项目的过程中能够以此为导向来审视自己小组的项目。

表1 评价标准表

下落速度	缓慢降落（从二楼下落到地面，越慢越好）
物资情况	鸡蛋不破、完好无损为合格
	鸡蛋有裂缝或完全破碎为不合格
成本方面	所选材料及使用材料方式均达到最大性价比

（二）准备阶段（140分钟）

1. 知识准备：降落伞结构、空气阻力、缓冲

提问：同学们，有谁见过真正的降落伞？你们见过的降落伞是什么样的？它有哪些结构？

意图：学生们大部分是在电视节目里见过降落伞，这样提问可以帮助学生们回忆他们见过的各种各样的降落伞，并在脑海里有一个大概的形状。同时，教师应引导学生正确认识降落伞的结构主要包括三部分：伞绳、伞面和重物。这是后面制作降落伞和保护装置的依据和准备，教师务必帮助每名学生清楚地了解降落伞的结构。

图2　降落伞

提问：降落伞的下降速度为什么会变慢，它的降落原理是什么？

讨论：降落伞能减速的原因，引出重要的因素就是空气阻力。空气阻力指的是空气对运动物体的阻碍力，当降落伞带着物资从直升机上落下时，空气对它产生的阻力而使它下降的速度变慢，最终安全着陆。

思考：虽然降落伞下落的速度慢，但易碎物资落地的瞬间也会受到一定的撞击力，我们如何包装物资才能减小这种冲击力，使物资不破碎呢？

意图：通过讨论和思考，让学生关注到物资的保护需要一些特殊材料，如柔软的、有弹性的，或者坚固的材料等，旨在让学生意识到物资外包的缓冲作用对保护物资的重要性。

2. 技能准备：制作降落伞和探索影响降落伞下降速度的因素

活动一：制作降落伞

提问：降落伞怎么做呢？伞面设计成什么形状比较好？要用到几根伞绳？用多长的伞绳？用什么材料做？

意图：

（1）引导学生根据自己对降落伞的认识，小组讨论降落伞的形状和基本尺寸。

（2）引导学生根据已有的知识经验确定制作降落伞的材料，在这个活动中，教师只需明确活动任务，让学生了解活动所需材料的成本，引导学生建立控制工程成本的意识，对于材料的特性不需要多加解释，在后面的实验过程中，学生会有所发现。

（3）教师对如何制作降落伞要做一定的指导，以便解决学生制作方面的困难，如怎样剪裁伞面、怎样系伞绳，等等。

图3　学生制作降落伞

（4）先用钩码做重物，教师组织学生多次尝试降落，并不断调整。

试验方法：每组学生派两位同学到教学楼二楼走廊，在同一高度同时松手，使降落伞自由落下，组内其他学生观察本组降落伞，分析出现的问题，并讨论解决的方法，不断完善。

意图：这个环节旨在让学生知道制作降落伞的方法以及注意事项。另外，通过试降，让学生发现影响降落伞下降速度的因素，为后续的实验探究做好准备。

活动二：探索影响降落伞下落速度的因素

1. 提出探究方案：设计对比实验，找出最佳条件

上面我们已经初步讨论出了影响降落伞下降速度的因素，包括伞面大小、伞绳长度、物资重量等，那么该如何设计对比实验呢？小组讨论分析，完成对这三个因素的探究，选出最佳的数据。

小组合作：就以上因素的探究，学生可以6人一小组进行三个小实验的设计，操作时可以组内2人合作探究一个因素，这样可以最大限度地节约时间。

提问：我们要探究的因素是什么？什么条件保持不变？什么条件要改变？怎么改变？应该成倍增加或减少吗？

意图：让学生掌握控制变量的实验研究方法，并能依据实验方案开展探究。

2.建立实物模型：制作降落伞

技术指导：教师可以根据巡视的情况，提出注意点并及时指导。

小组合作：根据设计方案，选择所需材料来制作降落伞。

3.测试模型：测试降落伞的性能

提问：我们怎么评价降落伞的好坏呢？如何记录时间？

意图：降落伞性能的评价标准是降落速度慢，具体时间可以用秒表来计时。同时，降落伞降落时也要比较平稳。

组织形式：每个小组自主测试，派两名同学到教学楼二楼释放降落伞，一位同学秒表计时，其他同学观察降落伞下降过程中的其他情况，重复多次实验，确保实验的准确性。

4.知识准备：了解控制变量法

提问：下降速度慢的降落伞必须具备哪些特点？降落伞的下降速度可能和什么因素有关？

意图：教师组织学生对自己小组降落伞的测试情况进行分析，寻找影响下降速度的因素。

提问：这个因素和降落速度有什么关系？我们该如何用实验验证？

意图：指导学生用控制变量法来开展实验。控制变量法就是让实验中的其中一个条件不同，其他条件都相同，通过比较降落伞的下降时间来判断该条件是否影响下降速度。教师可以适当地提醒学生，降落伞的下降速度与伞面大小、物资重量、伞绳长度等因素有关。

思考：如何设计实验方案？

（三）设计制作（120分钟）

任务一：制作鸡蛋保护装置

提问：鸡蛋保护装置怎么做呢？要用什么材料来包住鸡蛋？材料会不会太重？

意图：

（1）引导学生小组讨论鸡蛋保护装置的材质和重量等。

（2）引导学生根据已有的知识经验确定制作保护装置的材料，在这个活动中，教师只需明确活动任务——保护好鸡蛋使其不破碎，让学生了解活动所需材料的成本，引导学生建立控制工程成本的意识，对于材料的特性不需要多加解释，在后面的实验过程中，学生会有所发现。

（3）可先用熟鸡蛋作为重物，教师指导学生将最佳降落伞和鸡蛋保护装置组合起来，然后组织学生多次尝试降落，并不断调整。

实验方法：每组派两名同学到教学楼二楼走廊，在同一高度同时松手，使降落伞自由落下，组内其他同学观察本组的鸡蛋有没有碎裂，分析出现的问题，并讨论解决方法，不断完善。

意图：这个环节旨在让学生知道制作鸡蛋保护装置的方法以及注意事项。另外，通过试降，让学生发现在本环节中影响降落伞下降速度的因素是重物的重量，影响鸡蛋完好性的因素是包装材料，为后续的实验探究做准备。

任务二：改进鸡蛋保护装置

1. 提出探究方案：控制总重量，找出最佳条件

通过上面的实验结果可知，降落伞伞面大小、伞绳长度、物资重量等都会影响降落伞的下降速度。针对上面实验的研究结果，鸡蛋保护装置的重量要在一个最佳值，那么就必须控制所用的材料，不能太多太重。这就需要小组讨论分析，不断尝试不同的材料，如海绵、棉花、布料、报纸、泡沫塑料等材料的保护效果。

小组合作：就材料选择的探究，学生可以2人一小组进行实验探究，这样可以最大限度地节约时间。

小组合作使用控制变量的实验研究方法，设计自己小组的实验方案。

2. 建立实物模型：制作鸡蛋保护装置

技术指导：每个鸡蛋的保护装置都由一个透明塑料杯和鸡蛋组成，至于鸡蛋和塑料杯的缝隙填充什么材料最好，要靠学生自己去尝试，教师可以根据巡视的情况，提出注意点并及时指导。

小组合作：根据设计方案，选择所需材料来制作鸡蛋保护装置。

3. 测试模型：测试鸡蛋保护装置的性能

提问：我们怎么评价保护装置的好坏呢？

意图：鸡蛋不破碎，且达到最佳重量就表示成功。多次重复实验，确保准确性。

组织形式：每个小组把降落伞和鸡蛋保护装置组合起来，然后自主测试，派两名学生到教学楼二楼释放降落伞，其他同学观察降落伞落地时鸡蛋的完好情况并及时记录反馈。

图4　保护鸡蛋的降落伞性能测试

4. 改进制作降落伞

提问：所有的最佳条件组合在一起会得到性能最佳的降落伞吗？物资会完好无损地着陆吗？如果我们每个小组手里只有100元的制作经费，如何控制成本使利益达最大化？我们还需进一步探究改进。

小组合作：结合上面实验的结果，将最佳的降落伞的相关数据进行汇总，包括伞面大小、伞绳长度、物资重量、保护装置所用的材料等，然后进行数据分析，并根据学生所选择的材料，计算出本组的使用成本和利润，比一比哪一组的产品性价比最高。

利润：100-材料的总花销=利润。

意图：教师可以渗透经济学思想，让学生在关注产品性能的同时考虑成本问题和市场竞争力问题，渗透价廉物美的东西才具有市场竞争力的思想。

改进方案：根据降落伞和鸡蛋保护装置的结构，控制每个部分需要用到的材料和尺寸，从而控制好成本，不断完善我们的设计。

（四）展示评价（30分钟）

1. 模型交流展

各组依次展示设计好的"保护鸡蛋的降落伞"，并从下降速度、成本、鸡蛋完好程度等方面评价模型。组与组之间相互质疑和提意见。

表2　STEAM学习评价表

评价	章节	活动内容	评价星数
过程性评价	第一课时"认识与了解"	提出问题	☆☆☆☆☆
	第二课时"体验空气阻力和缓冲作用"	知识准备	☆☆☆☆☆
	第三课时"设计制作降落伞"	降落伞的结构	☆☆☆☆☆
	第四课时"比一比谁更慢"	降落伞降落速度的研究	☆☆☆☆☆
	第五课时"设计制作鸡蛋保护装置"	鸡蛋保护装置的结构	☆☆☆☆☆
	第六课时"比一比谁保护得最好"	鸡蛋保护装置材料的选择	☆☆☆☆☆
	第七课时"比一比谁的性价比高"	改进提升	☆☆☆☆☆
总结性评价	"保护鸡蛋的降落伞"	保护鸡蛋的降落伞综合评价	☆☆☆☆☆
总计			40颗☆
整个项目学习我们共获得_____颗☆！			

2. 总结性评价

回顾整个学习过程，教师组织学生进行反思评价，以进一步提炼学生的工程思维，强化学生已形成的思维方式，在梳理过程中逐渐加深学生对STEAM项目学习的理解。

（五）拓展提升（10分钟）

小小工程师沙龙：利用项目学习中所获得的知识，进一步开发研究新型降落伞。

四、体会感悟

这个STEAM活动是基于给灾区空投物资这个现实问题而进行的。如何让物资完好无损地降落？除了让降落伞下降的速度减慢，还要对物资进行良好的包装，才能让它在着陆时受到的冲击力减小到最低。

那么如何让降落伞的下降速度减慢呢？空气阻力的大小很关键。如何增大空气阻力呢？这就要考虑降落伞的伞面大小、伞绳长度、物资重量等因素对其产生的影响。那么最佳条件组合在一起是否就真的可以达到最佳效果呢？成本如何？于是我们开展了设计，初步尝试制作，进一步设计实验、制作模型、改进模型、计算成本，最后实践测试，得出了相对理想的方案。

后续，通过课外拓展，我们将项目研究所得的知识和方法推广到实际生活中，让学生充分发挥想象力，设计制作多种多样的保护鸡蛋的降落伞。

本项目考查了学生的知识应用能力和解决问题的能力，在解决问题的过程中也注重实践，通过对材料的选择、对比实验的设计等，让学生在不断设计制作、测试改进中验证自己的想法，完善自己的设计方案。通过这样的项目实践，学生的思维、技能等得到综合锻炼，对其综合素养的提升有着积极的意义。

专家点评

本项目以降落伞为主题，通过降落伞的设计、制作及应用等环节，让学生体验工程设计的流程，学会应用科学的思想方法和跨学科的知识，解决现实中的问题，呈现了较好的项目学习案例。

本项目通过设置地震灾区急需一批救灾物资的真实情境，提出如何用降落伞运送救灾物资的问题。救灾物资里面可能有易碎物品，所以本项目明确了问题为设计保护鸡蛋的降落伞，并从下降速度、物资情况和成本三个方面确立了评价标准。在整个项目内容的设计中，从前期的知识技能准备、设计制作降落伞，到设计制作鸡蛋保护装置，体现出较好的层级关系。项目内容涉及力、速度、成本、控制变量等众多跨学科的知识和思想方法，通过设置制作鸡蛋保护装置、改进鸡蛋保护装置等多种独特的任务，采用过程性评价和总结性评价相结合的多元评价方式，较好地培养了学生的分析、评价和创造能力。

——湖州市教育科学研究中心　唐波

空气火箭

湖州市飞英小学　余文江

一、项目设计

（一）项目介绍

"空气火箭"是一个解决救援物资输送问题的STEAM项目，适用于小学5～6年级学生。生活中发生的大多数问题需要应用多种学科知识相结合来共同解决。自然灾害现场要解救被困人员，需要解决很多实际困难。本项目让学生利用科学、工程、技术、数学等学科知识设计制作出利用空气反冲力作为动力的轨道火箭来解决诸如隔空救援等现实问题，提升了学生自我学习和解决问题及团队合作的能力。

（二）学习目标

1. 科学（S）

（1）了解火箭的运行原理。

（2）初步掌握牛顿第三定律在本项目中的运用。

（3）初步掌握力的分解问题。

（4）初步了解物体间接触面的摩擦系数问题。

2. 技术（T）

（1）利用互联网查阅火箭的基本运行原理。

（2）利用弹簧测力计测量火箭与轨道间的滑动摩擦力。

（3）利用电子秒表测出空气火箭从起点到终点的时间。

（4）利用视频录制与慢放技术查看火箭运行过程中的问题。

3. 工程（E）

（1）绘制简单的空气火箭设计图纸。

（2）学会根据自己设计的图纸制作出空气火箭。

（3）学会通过发现问题、改进制作，使其达到预想的速度。

4. 数学（M）

（1）掌握基本的长度测量本领。

（2）学会利用三角函数求一个已知力的分力的大小。

（3）学会计算出运行速度。

（4）学会根据压力大小和摩擦系数计算出摩擦力大小。

5. 艺术（A）

能够优化图纸设计。

课标链接：测量、描述物体的特征和材料的性能；描述物体的运动，认识力的作用。

（三）教学准备

1. 材料准备

材料：漆包线（每组5~8米）、加厚气球（每组2~4只）、橡皮筋（每组2~3根）、塑料吸管（每组粗细各一根）、双面胶（每组一卷）、透明胶带（每组一卷）、剪刀（每组一把）、板蓝根冲剂（每组一包，用来模拟药物，可用其他物品代替）。

工具：秒表、弹簧测力计、PPT、视频、图片、辅助教具等。

2. 安全教育

在制作时，要小心使用剪刀等工具，注意安全，以防划伤手指。

（四）课时安排

"空气火箭"STEAM项目学习一共分为五课时，具体课时安排如下：

第一课时：40分钟。（真实情境、提出问题）

第二、三课时：80分钟。（准备阶段）

第四课时：80分钟。（设计制作）

第五课时：40分钟。（展示评价、拓展提升）

二、项目流程

本STEAM项目实施过程主要分为以下五个部分，每个部分都有对应的课时，具体流程如下：

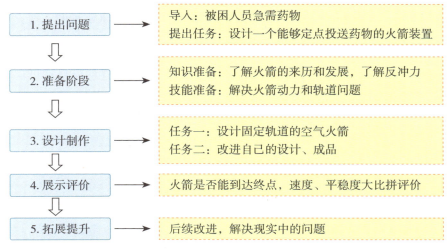

图5　STEAM项目实施流程图

三、项目实施

（一）提出问题（40分钟）

1. 导入：创设真实情境

两位登山的驴友被困在一座海拔很高的山峰上，其中一位患有严重的心脏病，现在被困的驴友急需救援药物，但是蓝天救援队的救援人员无法到达对面的山峰。如何将救援药物及时传送到对岸呢？

图6　救援驴友

2. 提出任务：设计空气火箭

视频：神舟十一号飞船升空视频。

思考：火箭运行能否给我们传送药物提供思路？

意图：通过火箭喷射介质和喷射方向的分析，引导学生巩固反冲力的原理。

明确问题：设计并制作一个直线飞行且速度大于等于5米每秒的空气火箭。

3. 评价标准

本项目对学生所设计制作的"空气火箭"从以下几个方面进行评价：①设计图的绘制是否科学；②实物作品与设计图是否一致；③空气火箭能否到达目标地点；④空气火箭能否达到5米每秒的速度。

（二）准备阶段（80分钟）

1. 知识准备：了解古代火箭和现代火箭的基本运行原理

阅读：关于火箭的来历和发展史的资料。

讨论：火箭运行的原理是什么？

思考：火箭喷射燃料的方向和运动方向有什么关系吗？我们在生活中见过这样的例子吗？

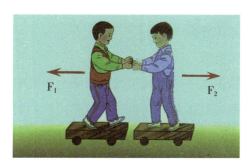

图7　试验反作用力

意图：让学生通过讨论和思考，了解火箭的运行原理涉及牛顿第三定律的相关认知，一个物体对另一个物体有力的作用，后一个物体对前一个物体也有力的作用。我们把其中一个力叫作作用力，另一个力叫作反作用力。

2. 技能准备：解决火箭的动力问题和轨道问题

观察：让气球飞起来，观察气球的运动。

思考：气球喷射的介质是什么？气球的运动有规律吗？如何控制气球的运动方向？

图8　气球

图9　气球喷射

观察：火车的轨道和火车车轮、高山缆车的设计。

思考：火车、高山缆车为什么不需要方向盘？

提问：现在请说说如何控制气球的运动方向。

意图：从火车、高山缆车不需要方向盘的原因中找出控制气球方向的方法，即让气球套在固定的线上，形成一个轨道。

图10　缆车

图11　火车轨道

（三）设计制作（80分钟）

任务一：设计并制作空气火箭

1. 提出设计方案

提问：刚才有了控制气球方向的思路，那么具体怎么操作呢？

小组合作：设计固定轨道的空气火箭。

交流：说说各自的设计方案，相互质疑和修正，让方案更可行。

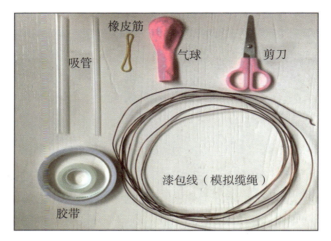

图12 自制火箭准备材料

2. 制作空气火箭

小组合作：利用教师提供的材料和工具，你能设计一个可以控制方向的空气火箭吗？

3. 测试空气火箭

测试：用尺测量出轨道长度，空气火箭试运行时，用秒表记录下运行时间，利用"速度=轨道长度÷运行时间"算出空气火箭的运行速度，并检测速度是否达标，同时用手机拍下整个运行过程的视频。

图13 测试自制火箭速度

任务二：改进空气火箭

利用慢放技术观察空气火箭的运行状态，寻找空气火箭速度慢的原因和空气火箭的其他问题。

意图：通过观察空气火箭运行状态找出空气火箭与绳子间存在的摩擦力，为改进空气火箭提供思路。

提问：如何减小空气火箭与绳子之间的摩擦力？

图14　吸管与绳子

意图：通过思考，将改进点集中在吸管与绳子的材料（接触面）、喷气方向（压力）上。

测试1：测试吸管与绳子之间的摩擦力，即同一吸管与不同绳子之间的摩擦力，计算它们之间的摩擦系数，得到最理想的吸管和绳子材料。（摩擦系数=摩擦力÷空气火箭的重力）

测试2：微调固定气球的位置以调整喷气的方向，感知什么角度最佳。

小组合作：改进空气火箭的设计和制作。

测试：用尺测量出轨道长度，空气火箭试运行时，用秒表记录下运行时间，利用"速度=轨道长度÷运行时间"算出火箭的运行速度。

（四）展示评价（30分钟）

1. 空气火箭大比拼

用课桌模拟两个山头，固定山头间的距离，各组进行空气火箭运输药品比拼，比一比哪一组的运输速度更快，哪一组的运输更稳。

2. 总结性评价

表3　STEAM学习评价表

评价要素：学习成果								
主要指标	☆	☆☆	☆☆☆	第一组	第二组	第三组	第四组	第五组	第六组
设计图纸绘制	设计图过简	设计图一般	设计图科学合理						

续 表

评价要素：学习成果								
主要指标	☆	☆☆	☆☆☆	第一组	第二组	第三组	第四组	第五组	第六组
实物与设计是否一致	完全不一致	基本一致	完全一致						
火箭是否能到达终点	到达全路程的三分之一	到达全路程的二分之一	顺利到达终点						
火箭速度	3米每秒以下	3～5米每秒	5米每秒以上						

（五）拓展提升（10分钟）

家庭STEAM：真实情境中想要用空气火箭进行药品运输，还需要考虑哪些问题？请做一个详细的设计。

四、体会感悟

在项目开展的过程中，我认为团队合作是学生开展STEAM项目学习的最基本形式，交流研讨是学生打开思维的渠道。所以给学生时间去交流他们的想法和观察，是STEAM学习的重要手段。

在这个项目的设计中，我抛出了很多问题让学生去思考，这些问题并不是单独存在的，前后问题之间是有连贯性的，这也是思维递进的一个过程。但是在这些问题提出之前，往往会有一些图片或者文字的提示，引导学生思考并尝试解决这些问题。而这些问题有时候不是一个人苦思冥想就能解决的，最后还是要依靠团队的力量，这样就体现出了团队的重要性，这样的活动也培养了学生的团队合作精神。

在制作过程和调试过程中，我让学生去采集并分析一些数据，如测量材料间摩擦力的大小，并利用公式计算出相应的摩擦系数。分析数据的过程一方面能够增强学生对数据的敏感度，另一方面能够培养学生的问题求解能力、决策力和批判性思维能力等高阶思维，这正是STEAM学习者不可或缺的。

我的设计虽然遵循着STEAM教育理念，但在实践过程中，还发现了许多不足。受内容难度限制，有些活动的开放性不够。该项目在设计上仍旧没有体现出学生学习的主体地位，有一种学生被牵着鼻子走的感觉。这有可能是设计的问题，也有可能是教师上课习惯导致的。所以，在面临不同问题的时候，只有不断实践、探索，才能找到最佳答案。

专家点评

　　本项目通过创设登山驴友被困山峰上，因驴友患有心脏病急需救援药物，但是救援人员无法到达对面的山峰这样一个真实情境，提出了如何将救援药物及时送达的问题。在学生脑洞大开之后，我们提出设计空气火箭这一任务，明确提出设计并制作一个直线飞行且速度为5米每秒以上的空气火箭的目标，并从科学性、平稳度、速度大小等方面给出了评价标准。

　　本项目让学生以蓝天救援队救援人员的身份，根据工程设计的流程，应用跨学科的知识，设计制作利用空气反冲力为动力的空气火箭，完成了隔空救援的任务。整个项目设计合理，学生能够将所学的科学、数学等知识应用于实际，较好地体现了STEAM教学中提出的4C（联系、建构、反思、拓展）学习目标，有助于学生团队合作能力的培养和高阶思维能力的提升。

——湖州市教育科学研究中心　唐波

怎样让气球跑得更快

湖州市爱山小学教育集团　王怡华

一、项目设计

（一）项目介绍

"怎样让气球跑得更快"是适用于小学4～5年级的项目，分为五个课时开展活动。项目活动是基于学生的认知水平，借助气球等常见材料探究力如何让物体运动。项目活动以运动会的形式展开，在层层递进中，不断激发学生的兴趣，培养学生的探究能力与优化思维，全面提升学生的STEAM综合素养。

（二）学习目标

1. 科学（S）

（1）了解力是怎样影响运动的。

（2）知道气球的运动是靠反冲力前进的。

（3）知道气球在运动过程中因为受到阻力或摩擦力而停下来。

2. 技术（T）

（1）学会对比实验研究的方法。

（2）学会灵活运用皮尺、秒表、计算器等工具辅助学习。

（3）学会设计实验方案，绘制模型图，制作速滑装备。

3. 工程（E）

（1）学会根据经验设计相关方案并按方案建立模型。

（2）学会从工程的角度比较选择最佳方案。

4. 数学（M）

（1）学会根据材料定价核算成本。

（2）学会准确计算运动速率。

5. 艺术（A）

学会美化模型。

课标链接：物体的运动可以用位置、快慢和方向来描述。力作用于物体会改变物体的运动。

（三）教学准备

1. 材料准备

细绳（不同材质）、塑料吸管、纸胶带、气球（不同大小、形状）、长尾夹（不同控制器）、皮尺、秒表、凳子、打气筒、氢气球、支架、小刀、剪刀。

2. 安全教育

小心使用小刀、剪刀等工具，注意安全，以防划伤手指。

（四）课时安排

"怎样让气球跑得更快"STEAM项目学习一共分为五课时，具体课时安排如下：

第一课时：40分钟。（真实情境、提出问题）

第二课时：60分钟。（准备阶段）

第三课时：40分钟。（设计制作）

第四、第五课时：40分钟。（展示评价、拓展提升）

二、项目流程

本STEAM项目实施过程主要分为以下五个部分，每个部分都有对应的课时，具体实施过程分述如下：

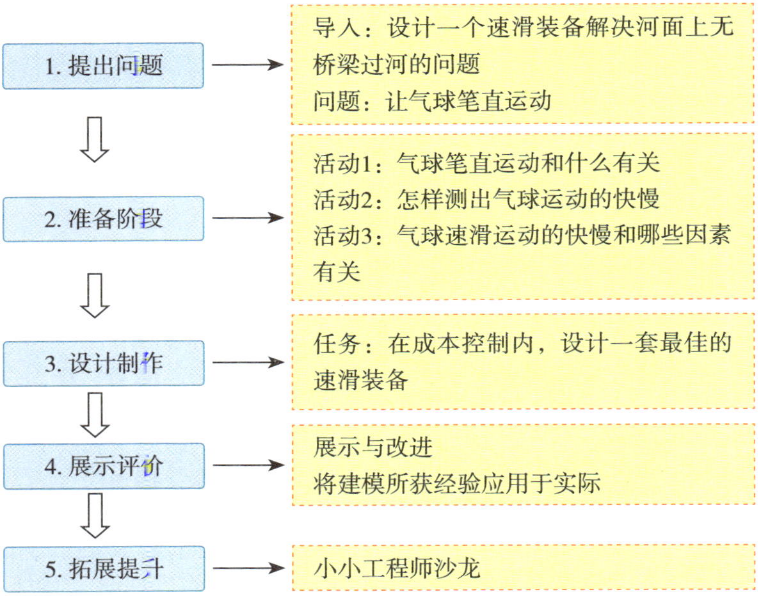

图15　STEAM项目实施流程图

三、项目实施

（一）提出问题（40分钟）

过河需要快速、精准、安全。一个好的速滑装备能帮助人们经济有效地解决无桥梁问题。因此，以气球为动力，寻找相关材料，做一个非常适合速滑的装备，可以解决一些生活问题。利用速滑装备一定能成功地抵达对岸吗？可能与什么因素有关？一起来探究一下其中的奥秘吧！

1. 导入

（图片或实物）生活中有许多不同的气球，它们的运动方式一样吗？扎紧时和放气时又有哪些不同的运动呢？

思考：气球的运动是靠什么驱动的？

2. 提出任务：让气球笔直运动

要借助气球快速过河必须让气球沿直线运动，不借助外界工具，气球会四处奔走，没有目的。因此明确任务：让气球笔直运动。

任务：运用以下材料，设计出使气球笔直速滑的运动方式。

绳上速滑设计方案

提供的材料：细绳、塑料吸管、胶带、支架、气球、长尾夹、皮尺、秒表。

图16　绳上速滑设计实验

学生活动：

设计方式1：夹住气球尾部，将长尾夹固定在吸管上。放气时，利用吸管在绳上滑行。

设计方式2：夹住气球尾部，将气球中部上端粘在吸管上，与吸管固定。放气时，利用吸管在绳上滑行。

设计方式3：用吸管固定气球尾部，置于长尾夹上。放气时，使长尾夹在绳上滑行。

3. 评价标准

帮助学生明确接下来研究和设计制作的评价标准，学生在执行项目的过程中能够以此为导向来审视自己小组的项目。

表4　评价标准表

小组讨论的问题		我们小组的想法（可图文并茂）
认知	你们的气球能笔直运动吗 你有什么发现（速度、方向）	
解决问题	气球的快速笔直运动可能与什么有关	
头脑风暴	你们小组有哪些改进措施	
我们的表现		

（二）准备阶段（60分钟）

1. 理论准备（组织学生讨论总结）

问题一：气球的笔直运动与什么因素有关

气球在绳子上笔直运动与反冲力的方向有关。只有气球的反冲力笔直地沿绳子向下时，气球才会笔直前进。气球起始运动的不稳定性、绳上的固定位置、与绳子间的摩擦都会影响反冲力的方向。

问题二：怎样测出气球运动的快慢

（1）引导学生思考：如何判断出各组气球运动的快慢。

（2）有什么办法可以测定气球运动的快慢？学生头脑风暴：准确测定气球运动速度的方法（方法讨论列举）。在速度很快时，哪一种方法更为恰当？

方法一：计算法

通过公式解决速度计算问题：

气球运动的速度=运动的长度÷运动时间（速度越大，运动越快）

学生阅读"操作说明书"，尝试着准确测量气球从开始到停止时的速度。引导学生准确掌握操作方法。

操作说明书

步骤：

1. 测量：取一段10米长的细绳，将它从一根吸管中穿过，分别把细绳的两端系在两把椅子上。给一个气球充满气，用长尾夹夹住开口处，防止空气漏出。用皮尺量出气球的周长，用胶带将气球粘在吸管上。

2. 实验：将气球移到细绳的一端。请你的同伴拿好秒表，当你释放气球时，他（她）同时开始计时。当气球到达细绳的另一端时，停止计时。

3. 记录：将时间记录在表格中。

表5　实验记录表

实验次数	第一次	第二次	第三次
运动长度			
运动时间			
运动速度			

注意事项：

（1）绳子要拉直。在起点和终点画上记号，再用软尺测量长度。

（2）每次气球充气量一样。长尾夹要夹紧气球的开口处，放气要与计时同步。

（3）将气球水平固定在吸管上，让气球产生的气体尽可能地水平向后喷出。

方法二：工具法

通过精密仪器自动测算气球运动速度。

学生通过查阅资料发现，人的测量和计算存在一定误差，传感器可以帮助人们精确测量。在速滑装备的两端安装传感器，可以快速地解决测速问题。

根据学生所提的问题，教师引导总结，得出本次STEAM项目待解决的问题：

（1）气球速滑的装备材料。

（2）气球速滑的装备组装。

（3）外形是否美观。

（4）气球速滑的速度测算。

（5）如何让气球运动得更快。

（6）在满足条件的前提下尽量降低各种成本。

启发学生进一步思考，为之后的设计和选择最佳气球速滑装备做准备。

2. 实践准备

问题：气球速滑运动的快慢和哪些因素有关？

教师讲解气球速滑装备的各部分影响因素，以及产生的动力、阻力。（譬如气球的大小、气球的形状、细绳的类型、吸管的长短等）。

学生设计实验，验证猜想。

猜想一：气球大小对气球速滑快慢的影响

准备材料：不同大小的气球、绳索装备、打气筒，探究气球大小对速滑快慢的影响。

改变条件：气球中气体的量（动力）。

注意事项：多次测量，保证只改变一个因素。

意图：动力是决定气球能否顺利过河的必要条件，在气球皮的弹性范围内，动力决定着运动速度。

猜想二：气球运动快慢与气球的形状有关

准备材料：不同形状的气球。

改变的条件：气球的形状会影响运动方向吗？

注意事项：保证每次打入的气体一样多。

意图：气球的稳定性和方向的一致性是快速运动的前提。

猜想三：气球的运动速度与速滑线的光滑程度有关

准备材料：取不同类型的细线或金属线若干根，气球形状或大小不变，按照上述说明书操作，并把数据记录在记录表上。

表6　数据记录表

项目	描述	运动长度	运动时间	运动速度	我的发现
钓鱼线					
金属漆包线					
棉线					
我们的表现					

解读数据：你认为不同类型的细线或金属线是怎样影响它们的运动快慢的？（可用图文解释）

猜想四：气球的速滑快慢与长尾夹（触发器）有关

长尾夹的作用是什么？有没有更便捷的控制气球触发的工具呢？

我设计的自制气球触发开关

我需要的材料：　　　　　　　　　我的模型：

（三）设计制作（40分钟）

任务：设计一套最佳的速滑装备

在成本控制下，选择最合适的材料，设计并组装气球速滑装备。

■■ 我的气球速滑装备 ■■

设计团队成员：＿＿＿＿＿＿＿

1. 模型设计图

2. 计算成本

请根据小组的设计图，确定你们所需要的材料，计算出成本，请将成本控制在20元以内。

表7 材料清单

材料	单价	使用数量	材料	单价	使用数量

（1）合计：＿＿＿＿＿＿元。

（2）设计气球造型：给我的气球化个妆。

（3）小组按设计模型图，按步骤完成气球速滑装备的制作。

（4）小组进行尝试并对装置进行修正。

（四）展示评价（30分钟）

气球速滑比赛：各组依次展示气球速滑装备并进行测试。比一比，谁的装备最快。展示结束，说说设计理念、团队分工、执行任务时遇到的困难和解决方法。教师和其他小组作为评委进行书面评价（不需自评）和点评。

（1）经过各小组比赛和交流，对自己小组的气球速滑装备的优缺点和运动方式进行改进。

（2）在操场展开赛道，再次组织各组进行气球的速滑比赛。

学生在操场上搭好赛道，装上速滑气球装备。

（3）比赛。从同一起点出发，最快的小组获胜。

（4）颁发冠军组、优秀组、参与组。

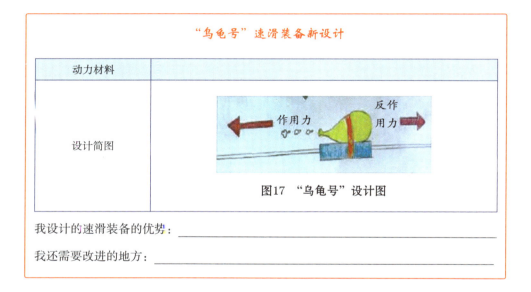

"乌龟号"速滑装备新设计	
动力材料	
设计简图	图17 "乌龟号"设计图

我设计的速滑装备的优势：＿＿＿＿＿＿＿＿＿＿＿＿＿＿＿＿＿＿＿

我还需要改进的地方：＿＿＿＿＿＿＿＿＿＿＿＿＿＿＿＿＿＿＿＿

教师组织活动后讨论，再度思考：哪些运动方式还可以作为速滑的动力呢？在梳理过程中，逐渐加深学生对STEAM项目学习的理解。

（五）拓展提升（10分钟）

小小工程师沙龙：利用项目学习中所获得的知识，对生活中不同的速滑装置发表自己的见解。

四、体会感悟

本课例的设计充分体现了基于STEAM教育理念下课堂教学模式的变革，体现了STEAM教育的优势，具体通过以下几方面来阐述：

1. 打破传统教学模式

项目式学习是在较长的时间内，学生自主探究、设计制作并解决实际问题的学习方式。所有的操作、技能和知识不是都通过教师的教授完成，而是需要学生自主地查询资料、交流讨论、发现问题并解决问题，教师只是起到指导作用。而且本项目不局限于某一科目，而是涵盖了数学、科学、工程、美术等多学科知识，真正拓展了学生的思维，启发学生提高解决实际问题的能力。

"溜索"的情境对学生有所启发，设计溜索一类的装备这样的任务符合四、五年级学生的能力范围。本项目的影响因素太多，还需要学生具备严谨的实验态度和不厌其烦的学习作风。

2. 材料可行，多元评价

在本STEAM案例中，学生要完成"让思维可见，让创意有形，让猜想付诸实践"这个任务。这个案例实现了评价方式的多样化，将过程性评价和总结性评价相结合，落实环节评价，分享成功经验。在整个过程中，我们融合了科学、技术、工程、艺术和数学，利于促进学生的核心素养发展。

3. 团队合作

STEAM项目强调团队合作，本项目从提出问题后，所有的活动都是以小组为单位开展的，强调分工明确、团队合作，每个活动都要求组员互相帮助、相互启发，进行群体性知识建构。这样的项目式合作，有助于培养学生的动手能力和团队协作能力。

总之，基于STEAM教育理念下的学习模式对当前我国中小学研究性学习的开展和综合学习课程的开设均具有较大的借鉴意义，值得我们进行深入的研究。

专家点评

本项目通过日常生活中人们利用速滑装备解决无桥梁问题这一真实情境，以及过河需要快速、精准、安全的特点，提出如何利用常见的设备到达对岸这一任务。通过头脑风暴，基于学生的认知，明确提出制作一个借助气球的反冲力能成功抵达对岸的溜索装备。本项目通过计算、查阅资料、小组讨论等多种形式，开展研究、提出设想、分析观点。本项目强调团队合作，从气球速滑装备的设计到制作，每个环节都要求团队内部进行沟通，进行群体性知识建构和活动任务的延伸，每个组员都可以对生活中不同的溜索装备发表自己的见解。基于测试的结果，学生对自己设计的气球速滑装备进行改进。本项目能够充分考虑到学生的认知水平，如遇到速度计算这一问题，通过让学生阅读"操作说明书"，引导学生尝试着准确测量气球从开始到停止时的速度，为学生搭建了脚手架，便于项目活动的顺利开展。

本项目设计环节清晰，能够体现工程设计5E模型的步骤，即参与、探索、解释、延伸、评估，值得人们学习和借鉴。

——湖州市教育科学研究中心　唐波